洛克菲勒写给儿子的 38 封信

[美] 约翰·洛克菲勒 —— 著
范毅然 —— 编译

中华工商联合出版社

前言

约翰·D. 洛克菲勒是美国第一家工业托拉斯企业的创建者,他成功地造就了美国历史上一个独特的时代,被誉为"窥见上帝秘密的人"。富过"六代"的洛克菲勒家族,依然是这个世界上最富有的家族之一。在某种程度上说,洛克菲勒家族在过去150年的发展史就是整个美国历史的一个精确的缩影,并且已经成为美国国家精神的杰出代表。洛克菲勒的子孙,之所以能将家族的辉煌与成功延续至今,和他们自小受到的家庭教育是分不开的。洛克菲勒不仅是一位成功的商人,还是一位教子有方的父亲。

洛克菲勒写给儿子的38封信是其一生的思想精华,饱含了一位父亲对孩子们那浓浓的爱以及殷切的希望,真实、完整地记录了洛克菲勒在其98年的峥嵘岁月中的人生智慧和成功之道,展示了一位商业巨子是如何从无到有创造财富，又是如何抓住每一分钱来赚取更多财富的。从中你将看到一位传奇的商业巨子、一位伟大的父亲，为你揭示成长、修身、处世与财富的秘密。这不仅是一些教子的忠告，更是一把收获幸福、走向成功、开启财富大门的金钥匙。

朋友们，向这位已成就辉煌事业的成功者学习吧，他的信中句句都是"金玉良言"。当你了解了他在信中所写的内容，并有目的地遵循时，祝贺你，你已经迈出了改变你人生的第一步！当你严格地按照他的忠告去做，你将会以健康、积极的心态投入到你的学习、生活、教育和事业中，并会取得非常大的进步。向优秀的人学习，你将是个优秀的人；向成功的人学习，你将成为成功的人。

目录 CONTENTS

约翰·D.洛克菲勒简介 —— 1

第1封信　起点不决定终点 —— 15

　　每个人的人生起点不尽相同，但这并不意味着，其人生的最后结果就被出身定型。

第2封信　运气靠策划 —— 20

　　我承认，就像人不能没有金钱一样，人不能没有运气。但是，要想有所作为就不能只是等待运气光顾。

第3封信　天堂与地狱比邻 —— 26

　　失去工作就等于失去快乐。但是令人遗憾的是，有些人却要在失业之后，才能体会到这一点，这真不幸！

第 4 封信　现在就去做 —— 32

我一直相信，机会是靠争取得来的。再好的构想都存在缺陷，即使是再普通不过的计划，只要你确实执行并且继续发展，所取得的效果都会比半途而废的好计划要好得多，因为前者会贯彻始终，而后者却前功尽弃。

第 5 封信　要有竞争的决心 —— 39

每一场至关重要的竞争都是一场决定命运的大战。"后退就是投降！后退就将沦为奴隶！"战争既然不可避免，那就让它来吧！

第 6 封信　为前途抵押 —— 45

借钱是为了创造好运。如果抵押一块土地就能借得足够的现金让我独占一块更大的地方，那么我会毫不迟疑地抓住这个机会。

第 7 封信　别让精神破产 —— 50

人始终要保持活力，保持坚强，不论遭遇怎样的失败与挫折，这是我唯一能做的事情。我非常明白，做什么事情才会让自己感到快乐，什么东西值得自己为之效命。

第 8 封信　只有放弃才会失败 —— 55

我们可以在每一级阶梯上停留足够长的时间和足够多的次数，

但它的用处不是为我们提供休息场所，而是让你有机会踏上更高一层的阶梯。

第 9 封信　坚定不移的信心足可撼动山峦 ——— 60

信心的大小决定了成就的大小。庸庸碌碌、得过且过的人，自认为做不成什么大事，所以他们仅能得到很少的报酬。他们相信自己无法创造伟大的壮举，他们便真的不能。

第 10 封信　你只能相信自己 ——— 66

我只有在对自己有利无害的情况下，才表现自己的感情；我可以让对手教导我，但我永远不教导对手，无论我对那件事了解有多深……

第 11 封信　重视对手，勇于竞争 ——— 71

我喜欢胜利，但我不喜欢为追求胜利而不择手段。不计代价获得的胜利不是胜利，丑恶的竞争手段让人厌恶，那等于画地为牢，可能以后永远无法解脱。

第 12 封信　天下没有免费的午餐 ——— 77

任何一个人一旦养成习惯，不管是好或坏，习惯就一直占有了他。吃免费午餐的习惯不会使一个人步向坦途，只能使他失去赢的机会。而勤奋工作却是唯一可靠的出路，工作是我们享受成功所付出的代价，财富与幸福要靠努力工作才能得到。

第13封信　隐瞒你的聪明 ——— 82

装傻带给你的好处有很多很多。装傻的含义，是放低姿态，变得谦虚，换句话说，就是瞒住你的聪明。越是聪明的人越有装傻的必要，因为就像那句格言所说的——越是成熟的稻子，越垂下稻穗。

第14封信　财富是勤奋的副产品 ——— 87

财富是意外之物，是勤奋工作的副产品。每个目标的达成都来自勤奋的思考与勤奋的行动，实现财富梦想也是如此。

第15封信　只为成功找方法，不为失败找借口 ——— 92

一个失败者一旦找出一种"好"的借口，他就会抓住不放，然后总是拿这个借口对他自己和别人解释：为什么我无法再做下去，为什么我无法成功。

第16封信　成功的希望就在自己手中 ——— 100

从贫穷通往富裕的道路永远是畅通的，重要的是你要坚信——我就是我最大的资本。你要锻炼信念，不停地探究产生迟疑的原因，直到肯定取代了怀疑。

第 17 封信　花时间让自己富裕起来 —— 106

　　我之所以是我,都是我过去的信念创造出来的。坦率地说,自从我感觉到人世间贫穷和疾苦的那一刻起,我就萌发了一个信念:我应该是富翁,我没有权利当穷人。随着时间的推移,这个信念变得钢铁般坚硬。

第 18 封信　第二名与最后一名没什么两样 —— 112

　　很大程度上,人的境遇就像骑上一部脚踏车,你只能向上、向前朝着目标移动,否则你就会摇晃跌倒,永远不可能只停留在原地。

第 19 封信　冒险才能利用机会 —— 119

　　不管我们做什么,乃至人生的重要决定,我们都必须在冒险与谨慎之间作出选择。而有些时候,靠冒险获胜的机会要比谨慎大得多。

第 20 封信　侮辱有时可以催人奋进 —— 125

　　我知道任何轻微的侮辱都可能伤及尊严。但是,尊严不是天赐的,也不是别人给的,是你自己缔造的。

第 21 封信　明白交易中的价值与价格 —— 130

　　交易的真谛是交换价值,用别人想要的东西来换取你想要的东西。

第 22 封信　合作是一种获利战术 ——— 135

合作可以压制对手或让对手出局，让自己向目标阔步迈进的目的得以实现，换句话说，合作并不见得是追求胜利。遗憾的是，只有为数不多的人才了解其中的奥妙。

第 23 封信　相信自己是重要人物 ——— 141

我们不能左右风的方向，但我们可以调整风帆——选择我们的态度。一旦你们选择了看重自己的态度，那些"我是个没用的人，我是个无名小卒，我算老几，我一文不值"等贬低自己、消磨意志、削弱信心和自暴自弃的懦夫想法就会消失殆尽……

第 24 封信　让每一分钱都物有所值 ——— 147

无论一个人积存了多么丰富的妙语箴言，无论他的见解有多么高明，假使不能利用每一个确实的机会去行动，其性格终不能受到良好的影响。失去美好的意图，终是一无所获。

第 25 封信　忍耐是一种策略 ——— 153

在任何时候冲动都是我们最大的敌人。如果忍耐能化解不该发生的冲突，这样的忍耐永远是值得的，但是，如果一意孤行，非但不能化解危机，还会带来更大的灾难。

第 26 封信　幸运之神眷顾勇者 ——— 159

　　经验告诉我，自信果敢的人，能完成最好的交易，能吸引他人的支持，结成最有力的联盟。而那些胆小、犹豫的人却难以制造这样的效果。

第 27 封信　欲得完美想法，必先具备许多想法 ——— 165

　　世界上不可能有绝对完美的计划，这意味着一切事物永远都有改良的余地。我非常清楚这一点，所以我经常会再寻找一些更加妥善的办法。

第 28 封信　结束是另一个开始 ——— 170

　　每一个伟大的成功者，都是用一个个小的成功把自己堆砌上去的，他们用结束欢庆梦想的实现，又用结束欢送新梦上路，这是每一个创造了伟大成就的人的品质。

第 29 封信　拒绝与消极人士来往 ——— 176

　　消极人士只会哀叹时运不济，从不用带有欣赏性的眼光把自己看成是更有分量、更有价值的人，他们失去了让自己全力以赴的念头以及自我鼓励的能力，反让消极占满了自己的内心。明智的人绝不会停顿在对时运不济的哀叹中。

第 30 封信　做目的主义者 ——— 182

我是一个目的主义者,尽管我从不像有些人那样夸大目标的作用,但目标的功能确实在我这里得到了异常重视。在我看来,目标是激发我们潜能的关键,它拥有主导一切的力量。

第 31 封信　抱怨只会让优秀沦丧 ——— 189

在抱怨声中,一支精锐之师也会变成乌合之众!

第 32 封信　让合适的人出现在合适的地方 ——— 196

我的目的是要在每位部属身上找出我所重视的价值,而不是那些我不愿意看到的缺点。

第 33 封信　永远做策略性思考 ——— 201

不论我们是为公司还是为单一部门拟定计划,我们都必须确认自己所拟定的是策略,而非手段。策略的本质是弹性的、长远的、多面向的、大格局的。

第 34 封信　始终把部属放在第一位 ——— 207

薪水和奖金的确非常诱人,然而对一些人来说,金钱并不能激起他们为之效命的欲望,但给予重视却能达到这个目的。

第 35 封信　财富是种责任 —— 212

我没有将自己视为拯救者,更没有自命不凡、不可一世,只有傻瓜才会因为有钱而自命不凡,因为我是公民。

第 36 封信　充实你的心灵 —— 217

引领人们爬向高峰的动力,是一种定期滋润与强化心灵,因而日趋旺盛的驱动力。那些拥有成功人生的人,无疑都能体会到,高峰有很多空间,但是没有足够的空间供人坐下停留。

第 37 封信　谁都有机会成为大人物 —— 223

思考最多、感觉最高贵、行为也最正当的人,生活也过得最充实!

第 38 封信　给贪心留好一个位置 —— 232

每个人的内心都深藏着一颗活泼、灵敏、有力量的贪心。但你必须正视它并且热爱它,告诉自己我要贪心,叮嘱自己我要,我要的更多,它才会出来玩耍,助你成功。

约翰·D. 洛克菲勒简介

谁是美国历史上最富有的人？世界著名财经杂志《福布斯》曾做过一项相关调查。此调查当然不能仅凭个人财富在巅峰时期的金额多少来决定，而是对照当时美国国内生产总值来反映他们对于美国经济的影响。最终得出的答案是"石油大王"约翰·D. 洛克菲勒。如果将约翰·D. 洛克菲勒的财富转化成2006年的美元标准，得到的数字是2000多亿美元，这比比尔·盖茨的个人资产高出数倍。比尔·盖茨也视洛克菲勒为偶像，他说："我心目中的赚钱英雄只有一个——约翰·D. 洛克菲勒。"

要了解美国资本主义经济发展史，无法避免地都要谈到洛克菲勒，他也是现代商业史上最富争议的人物。一方面，洛克菲勒创建的标准石油公司，在发展到巅峰时期时曾垄断全美80%的炼油工业和90%的输油管道生意，因此有人认为洛克菲勒只不过是不择手段、唯利是图的资本家；另一方面，洛克菲勒笃信基督教，以他名字命名的基金会秉承"在全世界造福人类"的宗旨，其捐款总额高达5亿美元，因此也有人恭维洛克菲勒，说他是个慷慨的慈善家。"石油大王"的漫长一生中，毁誉参半。

1839年7月8日，约翰·D.洛克菲勒出生于美国纽约州哈得逊河畔的一个小镇。他们家族是18世纪从德国举家移民到美国的。他父母的个性截然不同：父亲是一个很讲求实际的人，在教育孩子时，给他们灌输的思想是"只有付出劳动才能得到报酬"；母亲则是个一言一行都遵循《圣经》的虔诚的基督教徒，她勤快简朴。洛克菲勒作为长子，他从父亲那里学会了讲求实际的经商之道，又从母亲那里学到了精细、节俭、守信用、一丝不苟的长处，这对他日后的成功产生了莫大的影响。

洛克菲勒从小就表现出了商业才能，他有个记账本，上面详细地记录了自己干活儿的情况，以此来向父亲要求报酬。同时，他把这些钱积攒下来，贷给当地的农民，收取一定的利息，从中赚取费用。有一次，洛克菲勒在树林中发现了火鸡的窝，就把小火鸡带回家饲养，到感恩节的时候再把火鸡卖掉，洛克菲勒又从中赚得了可观的利润。

洛克菲勒14岁那年，在克利夫兰中心中学上学。放学后，他常到码头上闲逛，看商人做买卖。有一天，他遇到一个同学，两人边走边聊起来。那个同学问："约翰，你长大后想干什么？"年少的洛克菲勒毫不迟疑地回答说："我要成为一个拥有10万美元的人,我准会成功的。"

中学毕业后,洛克菲勒决定不上大学,到商界谋生。洛克菲勒对工作的要求颇高,他翻开克利夫兰的工商企业名录,仔细寻找有相当知名度的公司。他后来回忆道:"我上铁路公司、上银行、上批发商那儿去找工作,小铺小店我是不去的。我可是要干大事的。"但是这谈何容易,每天早上8点,洛克菲勒离开住处,身穿黑色衣裤和高高的硬领西服,戴上黑领带,去赴新一轮的预约面试。尽管多次被人拒之门外,但洛克菲勒还是没有灰心丧气。洛克菲勒说,他把列入名单的公司走了一遍之后,又从头开始,有些公司甚至去了两三次,但谁也不想雇一个孩子。可是洛克菲勒是那种倔脾气的人,越是受到挫折,他的决心越是坚定。每星期有六天去面试,他一连坚持了六个星期。

1855年9月26日上午,16岁的洛克菲勒走进从事农产品运输代理的休伊特－塔特尔公司。接见他的是二老板亨利·B.塔特尔,他需要一个记账员,于是考虑让洛克菲勒担任。午饭后,再次来到公司的洛克菲勒见到了大老板艾萨克·L.休伊特,这位大老板在仔细看完洛克菲勒的字后,说:"留下来试试吧。"得到聘用的洛克菲勒欣喜欲狂,当时的激动心情即使洛克菲勒在老年回想起来仍记忆犹新。从此9月26日这个日子成了洛克菲勒的就业纪念日,他把这个日子当作自己的第二个生日来庆祝。

担任记账员的洛克菲勒成天埋头于账本里，对工作的态度是一丝不苟，他回忆说："由于我第一份工作是记账员，所以我学会了十分尊重数字和事实，无论它有多小……"后来公司让洛克菲勒负责付账单，他对待这项工作的态度更是谨慎认真，每次都要仔细核查，用洛克菲勒自己的话说——"比花自己的钱还尽心"。对于偶尔出现的几分钱的小差错，洛克菲勒都不能忍受，这种负责尽职的态度让老板非常满意。此外，年轻的洛克菲勒在为休伊特老板收房租时，不仅表现得有耐心、有礼貌，而且还表现出了斗牛犬般不屈不挠的精神，即不收到房租决不罢休。

除了记好账外，洛克菲勒还常为公司经营方面出主意。有一次，公司买入一批大理石，打开包装后发现，高价购进的大理石上有瑕疵，老板沮丧不已但又无计可施。这时，头脑灵活的洛克菲勒建议把责任推到负责运货的三家运输公司头上，向这三家公司分别提出赔偿损失的要求。这个绝妙的主意使商行得到的赔款比原来高出两倍。洛克菲勒优秀的表现颇得老板赏识，在1855年年底，休伊特支付给洛克菲勒50美元作为头三个月的工钱。紧接着不久，休伊特又宣布，这位助理记账员的工资将升到每月25美元。洛克菲勒追忆道："就在那儿，我开始了学做生意的生涯，每周工资是5美元。"

1857年，18岁的洛克菲勒被提升为主任记账员，年收入提升到600美元。这时的洛克菲勒开始充满自信地尝试一些面粉、火腿和猪肉的生意，尽管规模不大，但每次都能给他带来一些收益。

1858年，年仅19岁的洛克菲勒在朋友莫利斯·克拉克的提议下，与之合伙创立了一家经营农产品的公司。洛克菲勒以10%的利息从父亲那里借来1000美元，加上自己储蓄的800美元，他创办了生平第一个合伙公司——克拉克-洛克菲勒公司。新公司的经营非常顺利，第一年就做了4.5万美元的生意，净赚4000美元，第二年年底净赚1.2万美元。在经营过程中，克拉克对洛克菲勒的经营能力十分赞赏，他在描述当年的情况时说："他有条不紊到极点，留心细节，不差分毫。如果有一分钱该给我们，他必会争取回来。如果少给客户一分钱，他也要客户拿走。"洛克菲勒做生意时总是信心十足、雄心勃勃，同时又言而有信，想方设法使自己取信于人。

1859年8月28日，在宾夕法尼亚州发现石油，无数怀揣发财梦想的人一时间蜂拥而至。洛克菲勒虽然对石油抱有极大的热忱，但没有失去理智而盲目跟风。他决定亲自去宾夕法尼亚州原油产地做一番调查，以便获得直接而可靠的信息。在原油产地，洛克菲勒看到井架林立，一派生气勃勃的景象。冷静的洛克菲勒没有被表面的繁荣景象所蒙蔽，他看到了盲目开采背后的潜在危机。

经过一段时间的实地考察,洛克菲勒回到了克利夫兰。他在此基础上作出的最后决定是不对原油生产进行投资,因为那里的油井已有72座,日产量1135桶,而石油的需求量却十分有限,在供过于求的情况下油市的行情必定下跌,这是盲目开采的必然结果。果然,不出洛克菲勒所料——"打先锋的赚不到钱"。由于疯狂开采,油价一跌再跌,每桶原油从当初的20美元暴跌到区区10美分。许多石油商因此破产,而洛克菲勒却因为冷静的头脑得以避免遭受损失。洛克菲勒就此告诫说,要想创造一份事业,必须学会忍耐。大多数石油生产商在这种浮躁的气氛下,都想尽快把井里的油采干,而没想建立一个行业。洛克菲勒则始终保持沉着冷静的态度,他相信这个行业具有长远的前景。

1861年,美国南北战争爆发。没有参战的洛克菲勒在生意场上大显身手,他迅速办理了高额贷款,大量囤积战时必需的物资,这给洛克菲勒带来了极为可观的利润。战争带来的远不止这些,因为当时铁路迅速兴起,石油的需求量也大大增加。

首次宾州之行使洛克菲勒有了这样一个认识,探油的结果实在无法预料,相比之下炼油似乎既保险又比较成熟。没过多久,他建立了这样的信念——炼油是从这个行业中获得最大利益的关键。这是一位叫塞缪尔·安德鲁斯的朋友给洛克菲勒的启发,洛克菲勒由经营农产品转到石油行业,也正是因为塞缪尔·安德鲁斯极力劝导的缘故。安德鲁斯是照明油方面的专家,他认为煤油将比其他来源的光要亮,市场也更大。为了寻找赞助人,安德鲁斯找到了克拉克和洛克菲勒。洛克菲勒觉得这是一个不错的机会,于是在1863年,洛克菲勒决定在克利夫兰投资新建炼油公司——安德鲁斯-克拉克公司。

胆小谨慎的克拉克与胆大激进的洛克菲勒性格迥异,因此两人经常在决策上出现严重分歧。洛克菲勒在后来的回忆录里说:"因为我贷款扩大炼油业务的事,他非常生气,好像这冒犯了他似的。"最终导致两人不得不分道扬镳的催化剂发生在1865年1月,在一个名叫皮特霍尔河的地方发现了一座油田。为了扩大规模,洛克菲勒请克拉克同意签一张借据,但是洛克菲勒得到的却是克拉克的怒火,他说:"为了发展这个石油业务,我们一直在借钱,借的钱太多了。"洛克菲勒毫不退让地反驳说:"只要借钱能稳稳地扩大业务,我们就应该借。"克拉克企图吓住洛克菲勒,便威胁说要散伙。

解决问题的办法是将公司拍卖给出价最高的买主。拍卖底价是500美元,但很快涨到5万美元,这已经超过了洛克菲勒所预想的炼油厂的价值。最后又升至7.2万美元,洛克菲勒毫不迟疑地报出7.25万美元,他明白这件事将决定自己的一生。拍卖会后，洛克菲勒用7.25万美元换回了炼油公司的另一半股份。于是公司名称被改为洛克菲勒-安德鲁斯公司，洛克菲勒在26岁时，拥有了克利夫兰最大的炼油厂，每天能提炼500桶原油，一跃跻身于世界大型炼油厂之列。

1865年12月，洛克菲勒-安德鲁斯公司建成了第二家炼油厂——标准炼油厂。四年后，两家工厂以联合股份的形式改名为标准石油公司，在俄亥俄州注册，洛克菲勒任总裁。之后洛克菲勒一连收购了几家炼油厂，并涉足管道运输业，还建立了自己的铁路网络，开始逐步垄断炼油行业。1865年洛克菲勒初进石油业时，克利夫兰有55家炼油厂，到1870年标准石油公司成立时只有26家生存下来，1872年底标准石油公司就控制了这26家中的21家。

1878年8月，安德鲁斯与洛克菲勒在股东分红问题上出现分歧，洛克菲勒不能容忍那些只喜欢多得红利而不愿把收益投入再生产的董事。安德鲁斯威胁说要转让公司的股票，洛克菲勒按照他的要求以100万美元买下了他手中的股票，从此便独自执掌公司大权。

随着石油帝国的迅速发展，尾大不掉的危险性也随之逐渐显露，洛克菲勒对这一弊病有着清醒的认识。一次偶然的机会，洛克菲勒在一本公开发行的刊物上读到一篇文章，里面写道："小商人时代结束，大企业时代来临。"这与洛克菲勒的想法不谋而合，于是洛克菲勒用高达500美元的月薪聘请文章的作者多德为法律顾问。

多德是个年轻的律师，在进入洛克菲勒的公司后，他负责为洛克菲勒的公司寻找法律上的漏洞。一天，他在仔细研读英国法律中的信托制度时，突然灵光一现，提出了"托拉斯"这个垄断组织的概念。

所谓"托拉斯"，就是生产同类产品的多家企业，不再各自为政，而以高度联合的形式组成一个综合性企业集团。这种形式比起最初的"卡特尔"，即那种各自独立的企业为了掌握市场而在生产和销售方面结成联合战线的方式，其垄断性要强得多。

在多德的"托拉斯"理论的指导下，洛克菲勒在1882年1月20日召开"标准石油公司"的股东大会，成立由九人组成的"受托委员会"，掌管所有标准石油公司的股票和附属公司的股票。洛克菲勒理所当然地成为该委员会的委员长。随后，受托委员会发行了70万张信托证书，仅洛克菲勒等四人就拥有46万多张，占总数的三分之二。就这样，洛克菲勒如愿以偿地创建了一个史无前例的联合事业——托拉斯。

在这个托拉斯结构下，洛克菲勒合并了40多家厂商，垄断了全国80%的炼油工业和90%的输油管道生意。托拉斯迅速在全美各地、各行业蔓延开来,在很短时间内,这种垄断组织形式就占了美国经济的90%。很显然,洛克菲勒成功地造就了美国历史上一个独特的时代——垄断时代。

尽管标准石油公司在炼油、运输和销售等方面无所不能,可是直到19世纪80年代初,它还只拥有四处石油生产基地。自从在宾夕法尼亚州发现油田的25年内,美国境内再也没有发现大型油田。因此有许多人对洛克菲勒石油帝国的坚实性产生过怀疑,有人甚至建议标准石油公司退出石油工业,而转向更为稳定的行业,但是洛克菲勒选择了坚持。

转机出现在1885年5月。一支勘探队在俄亥俄州西北部的莱玛镇寻找天然气时,意外地钻探出一片大油田。然而美中不足的是,原油所含的化学成分中存在着一些难以对付的问题,燃烧时会在灯上形成一层薄膜。更麻烦的是,它的硫化物含量太高,会腐蚀机器,并且散发出一种难闻的气味。为了解决质量问题,洛克菲勒在1886年7月请来一位叫赫尔曼·弗拉希的著名德裔化学家,让他除去石油中的臭味。

于是当时就有一个两难的选择摆在了标准石油公司的面前:是立即购买油田呢,还是等试验成功以后再进行收购?选择等待就有可能坐失良机,一向谨慎的洛克菲勒表现出了惊人的胆量和远见,他决定立即收购油田。这一决定遭到了董事会的一致反对，洛克菲勒拿出了背水一战的决心和勇气，他提出用自己的300万美元进行投资，并且承担两年的风险。如果成功了的话，公司再把钱还给他；要是失败的话，风险由他一人承担。

标准石油公司花了数百万元买下莱玛的油田，并铺设了输油管道。那时这种"臭鼬石油"每桶只卖15美分，没有市场，但公司还是把这些石油储存起来，到1888年存量达到4000万桶以上。终于，到了1887年10月，弗拉希取得成功，提炼出了可供上市的煤油。标准石油公司立即全力以赴投入了石油生产，并开始进行这一行业前所未有的大并购。1890年他吞并了联合石油公司和其他三家大型石油生产公司，控制了宾夕法尼亚和西弗吉尼亚州30万英亩的土地。

19世纪80年代，标准石油公司在很长一段时间实行全球石油垄断。为了开拓国外市场，1882年洛克菲勒派人进行了为期两年的海外市场调查，不久洛克菲勒就用煤油顺利打开了中国、日本、印度等国的市场。但是俄国在巴库发现原油后，新一轮的竞争继而打响，俄国人甚至有将美国石油赶出世界市场的野心。

激烈的竞争再次激起洛克菲勒的斗志，他决定设立自己的海外机构。1888年标准石油公司设立了它的第一个海外分支机构——英美石油公司，而且很快便垄断了英国的石油生意。1890年，标准石油公司又在不莱梅成立了德美石油公司，负责德国的石油市场。另外，洛克菲勒在鹿特丹设立了一个石油输送站，负责向法国供应全部所需原油。而后又买下了荷兰、意大利石油公司的部分股份，并策划在印度进行一场激烈的价格战。标准石油公司还向欧洲派出了第一艘装载量为100万加仑的巨型蒸汽油轮。

为了抢占亚洲的生意，标准石油公司甚至屈尊代销俄国煤油。不久后，标准石油公司终于在亚洲设立了一系列营业所，并且向上海、加尔各答、孟买、横滨、神户和新加坡等地派去了一批代理人。此时的标准石油公司已拥有了10万名员工，洛克菲勒创立的这个石油帝国成了世界上最大、最富有的融生产与商业为一体的机构。洛克菲勒创建的石油公司几经更名，最终定名为美孚石油公司。

1896年，57岁的洛克菲勒选择了退休，将标准石油公司交给儿子小约翰·D.洛克菲勒打理。但是他始终保留着标准石油公司的最大股权，可以参与标准石油公司的商业决策。

在41年的退休生涯里，他把主要精力放在慈善事业上。最初没有人愿意接受他的捐款，因为他们认为洛克菲勒的钱都是用肮脏的手段赚来的，沾满了血腥。但是通过洛克菲勒的努力，人们慢慢地相信了他的诚意。密歇根湖畔一家学校因为资不抵债而面临着倒闭的窘境，洛克菲勒立即捐出数百万美元，令学校起死回生并发展成今天的芝加哥大学。洛克菲勒捐款20万美元建立的洛克菲勒医学研究所成为美国第一个医疗研究中心，后来这个研究所因为卓越的成就获得了12项诺贝尔奖，获奖次数比任何同类研究所都多。此外，洛克菲勒还创办了不少福利事业。

从19世纪90年代开始，洛克菲勒每年的捐献都超过100万美元。1913年，他设立了"洛克菲勒基金会"，专门负责捐款工作。他捐款总额达5亿美元之多，但是，他捐款的速度远跟不上赚钱的速度。

1910年，洛克菲勒的财富达到了10亿美元，成了美国历史上第一个拥有10亿美元的人。

1911年5月15日，依据1890年的《谢尔曼反托拉斯法》，美国最高法院判决美孚石油公司属于垄断机构。根据这一判决，美孚石油公司被拆分成38家地区性石油公司。然而尽管有最高法院的判决以及被冠名为不择手段的垄断资本家，但是投资者依然热衷于追捧这些分公司的股票，使得拆分后的众多公司的股票市值合起来远远超过原来美孚石油公司的市值。洛克菲勒家族的财产非但没有减少，反而比以前更多了。

1937年5月23日，98岁的洛克菲勒去世。留下的巨额财富和石油帝国事业有子孙们承接下去，至今已延绵至第六代了，洛克菲勒家族也成了美国最负盛名的财富家族。这个家族对美国的经济和政治都产生了巨大的影响。由约翰·D.洛克菲勒创建的石油帝国在后辈子孙的经营下，其辉煌一直在持续着。今天，洛克菲勒家族旗下的石油公司——埃克森－美孚、雪佛龙、英国石油、壳牌和法国的道达尔是世界最大的五个石油公司。

从一个小小的经纪人到全球石油业的霸主，洛克菲勒成就了一个传奇。洛克菲勒的创业史在美国早期富豪中颇具代表性，是美国梦的典型代表。他精明而富有远见、冷静而又具备胆略，他的成功绝不是偶然，正如他自己所说："如果把我剥得一文不剩并丢在沙漠里，只要有一行驼队经过，我就可以重建整个王朝。"

第1封信
起点不决定终点

> 每个人的人生起点不尽相同,但这并不意味着,其人生的最后结果就被出身定型。在这个世界上,永远不存在穷富世袭,也不存在成败周替,有的只是"我奋斗,我成功"的真理。我坚信,我们的命运由我们自己的行动决定,而绝对不是完全由我们的出身决定。

亲爱的约翰:

你希望我能始终与你一起出航,虽然听起来很不错,但我不可能永远做你的船长。上帝为我们创造双脚,是要让我们靠自己的双脚走路。

踽踽独行,也许你尚未做好准备,但你必须知道,我身处的那个商业世界充满挑战与神奇,而你的新生活将从那里开始。

在那里，你将参加完全陌生而又关乎未来的人生盛宴。至于你如何使用摆放在面前的刀叉、如何品味命运天使奉上的每一道菜肴，那完全要靠你自己。

当然，我期望你在不远的将来就能卓尔不群，并且比我更胜一筹。而我决定将你留在我身边，无非是想让你的事业生涯有个高起点，让你无须艰难跋涉便可享有迅速腾达的机会。

当然这没有什么值得你去庆幸和炫耀的，更用不着感激。美利坚合众国的建国信念是人人生而平等，但这种平等是权利与法律意义上的平等，与经济和文化优势无关。想想看，我们这个世界就如同一座高山，当你的父母生活在山顶上时，注定你不会生活在山脚下；当你的父母生活在山脚下时，注定你不会生活在山顶上。在多数情况下，父母的位置决定了孩子的人生起点。

每个人的人生起点不尽相同，但这并不意味着，其人生的最后结果就被出身定型。在这个世界上，永远不存在穷富世袭，也不存在成败罔替，有的只是"我奋斗，我成功"的真理。我坚信，我们的命运由我们自己的行动决定，而绝对不是完全由我们的出身决定。

正如你所知道的那样，在我小的时候，家境十分贫寒，记得我刚上中学时所用的书本都是好心的邻居给我买的。我的人

——第1封信
起点不决定终点

生起点也只是一个周薪只有5美元的记账员,但是经过不懈地努力奋斗,我却建立了一个令无数人艳羡的石油王国。在旁人眼里,这似乎是个传奇,而我却认为这是对我持之以恒、积极奋斗的回报,是命运之神对我艰苦付出的奖赏。

约翰,机会永远都会不平等,但结果却可能平等。在历史上,无论是在政界还是在商界,尤其在商界,白手起家的事例俯拾皆是,他们曾经都因贫穷而少有机会,然而都因努力奋斗而功成名就。同样,拥有一切优势的富家子弟最终走向失败的事例也比比皆是。马萨诸塞州的一项统计数字表明,17个有钱人的孩子里面,竟然没有一个是以富翁的身份离开这个世界。

在很久以前,社会上便流传着一个讽刺纨绔子弟无能败家的故事,大意是说在费城的一个小酒吧里,一位客人谈起某位百万富翁,心生羡慕地说:"他是白手起家的百万富翁。""是啊,"旁边一位比较精明的先生回答说,"他继承了2000万,然后他把这笔钱变成了100万。"

这是一个令人沮丧的故事。但在我们今天这个社会,富家子弟正处在一种不进则退的窘境之中,他们中的很多人注定要受人同情和怜悯。

家族的荣耀与辉煌的过去,并不能保证其子孙后代有美好的未来。我承认早期的优势的确大有帮助,但这不是最后赢得胜利的保障。我曾经不止一次地思考这个对富家子弟而言带有悲哀性的问题，我似乎觉得，在富家子弟继承优势的同时，也减少了他们学习和发展生存技巧的机会。而出身窘迫的人因为有解救自身的迫切需要，他们便会积极发挥创意和能力，并且珍惜和把握各种机会。我还注意到，富家子弟缺乏贫困出身者的那种想要拯救自己的野心，他们大多数做的仅仅是祈求上帝赐予他们成就。

因此，在你和你的姐姐们很小的时候，我就有意识地不让你们知道你们的父亲是个富人，我向你们灌输最多的是诸如节俭、个人奋斗等价值观念，因为我知道给人带来伤害最快捷的途径就是金钱，它可以让人腐化堕落、飞扬跋扈、不可一世，失去最美好的快乐。我不能用财富埋葬我心爱的孩子们，愚蠢地让你们成为不思进取、只知道依赖父母成果的无能之辈。

一个真正快乐的人，是能够享受自己创造的人。那些像海绵一样，只懂得索取不知道付出的人，永远也体会不到真正的快乐。

我相信没有人不渴望过上快乐而高贵的生活，但是对于高贵快乐生活从何而来这一问题，很少有人能说明一二。在我看来，高贵快乐的生活，不是来自高贵的血统，也不是来自高贵的生活方式，而是来自高贵的品格——自立精神。看看那些赢得世人尊重、处处施展魅力的高贵人士，我们就知道自立的可贵。

约翰，你的每一个举动都将成为我心头的牵挂。但与这种牵挂相比，我更对你充满信心，我相信你优异的品格——比世界上任何财富都更有价值的品格，将帮助你铺设出美好的前程，并将助你拥有成功而又充实的人生。

但你需要强化这样的信念——起点可能影响结果，但不会决定结果。能力、态度、性格、抱负、手段、经验和运气等各种因素，在人生和商业世界里都扮演着极为重要的角色。你的人生刚刚开始，但一场人生之战就在你面前。我能深切地感觉到你想成为这场战争的胜者，但你要知道，每个人都有追求胜利的意志，只有做好准备的人才会赢得胜利。

我的儿子，享有特权而毫无力量的人是废物，受过教育而毫无影响的人是一堆一文不值的垃圾。找到自己的路，上帝就会帮你！

爱你的父亲

第 2 封信
运气靠策划

> 我承认,就像人不能没有金钱一样,人不能没有运气。但是,要想有所作为就不能只是等待运气光顾。我的信条是:我不依赖天赐的运气,但我靠策划运气而平步青云。我相信好的计划会左右运气,甚至在任何情况下,都能成功地影响运气。我在石油界实施的变竞争为合作的计划恰恰验证了这一点。

亲爱的约翰:

有些人凭借着他们非凡的才能,注定会成为令人瞩目的王者或伟人,比如,老麦考密克先生,他拥有一颗能制造运气的脑袋,知道如何将收割机变成收割钞票的镰刀。

在我看来,老麦考密克永远是位野心勃勃且具有商业才能的实业巨子,他用收割机解放了美国农民,同时也把自己送入

第2封信 运气靠策划

全美最富有者的行列。法国人似乎更喜欢他,盛赞他为"对世界最有贡献的人"。哦,这真是一个意外的收获。

这位原本只能做个普通农具商的商界奇才,说过一句深奥的名言,"运气是设计的残余物质"。

这句话听起来的确让人费解,它是指运气是策划和策略的结果,还是指运气是策划之后剩余的东西呢?我的经验告诉我,这两种意义都存在,换句话说,我们创造自己的运气,我们任何行动都不可能把运气完全消除,运气是策划过程中难以摆脱的福音。

麦考密克洞悉了运气的真谛,打开了幸运之门。所以,我对麦考密克收割机能行销全球,成为"日不落"产品,丝毫不感到奇怪。

然而,在我们这个世界上,很难找到像麦考密克先生那样善于策划运气的人,也很难找到不相信运气的人和不误解运气的人。

在凡夫俗子的眼里,运气永远是与生俱来的,只要发现有人在职务上得到升迁、在商海中势如破竹,或在某一领域内取得成功,他们就会很随便,甚至用轻蔑的口气说:"这个人的运气真好,是好运帮了他!"这种人永远不能窥见一个让自己赖以成功的伟大真理:每个人都是他自己命运的设计师和建筑师。

我承认，就像人不能没有金钱一样，人不能没有运气。但是，要想有所作为就不能只是等待好运光顾。我的信条是：我不依赖天赐的运气，但我靠策划运气平步青云。我相信好的计划会左右运气，甚至在任何情况下，都能成功地影响运气。我在石油界实施的变竞争为合作的计划恰恰验证了这一点。

在那项计划开始前，炼油商们各自为战，利欲熏心，结果引发了毁灭性的竞争。这种竞争对消费者来说当然是件好事，但油价下跌对炼油商来说却是个灾难。那时候绝大多数炼油商做的都是亏本生意，一个个跌入破产的泥潭。

我很清楚，要想重新攫取利益并将钱永远地赚下去，就必须驯服这个行业，让大家理智地做生意。我把这视为一种责任，然而这很难做到，这需要一个计划——将所有炼油业务都收置在我的手中。

约翰，要在获取利益的猎场上成为好猎手，你需要勤于思考、谨慎行事，能够看到事物中一切可能存在的危险和机遇，同时又要像一个棋手那样研究所有可能危及你的霸主地位的各种战略。我彻底研究了形势并评估了自己的力量，决定将大本营克利夫兰作为我发动石油工业战争的第一战场，等到征服那里的二十几家竞争对手之后，再迅速行动，开辟第二战场，直至将那些对手全部征服，建立石油业的新秩序。

第 2 封信
运气靠策划

就像战场上的指挥官,选择攻击什么样的目标,要首先知道选择什么样的武器才最有效,要想成功实现将石油业统一到我麾下的计划,需要一个彻底解决问题的武器,那就是钱,我需要大量的钱去买下那些制造生产过剩的炼油厂。但我手头上的那点资金不足以实现我的计划,所以我决定组建股份公司,把行业外的投资者拉进来。很快我们以百万资产在俄亥俄注册成立了标准石油公司,第二年我们的资本就大幅扩张了3.5倍,但何时动手却是个学问。

目光长远的商人总善于从每次灾难中寻找机会,我就是这样做的。在我们开始征服之旅前,石油业一片混乱,境况江河日下,克利夫兰90%的炼油商已经快被日益剧烈的竞争压垮,如果不把厂子卖掉,他们就只能眼睁睁地看着自己走向灭亡。这便是收购对手的最好时机。

在此时采取收购行动,似乎不太道德,但这时不能有妇人之仁。商场如同战场,战略目标的意义就是要形成对己方最有利的状态。出于战略上的考虑,我选择的第一个征服目标不是不堪一击的小公司,而是最强劲的对手克拉克-佩恩公司。这家公司在克利夫兰很有名望,而且野心勃勃,和我的想法一样,他们也想要吞并我的明星炼油厂。

但在对手作出行动之前,我决定先下手为强。我主动约见克拉克-佩恩公司最大的股东、我中学时代的老朋友——奥利弗·佩恩先生,我告诉他,石油业混乱、低迷的时代该结束了,为保护无数家庭赖以生存的石油行业,我要建立一个庞大、高绩效的石油公司,并邀请他入伙。我的计划打动了佩恩,最后他们同意以40万美元的价格出售公司。

我知道克拉克-佩恩公司根本不值这个价钱,但我没有拒绝他们,吃掉克拉克-佩恩公司就意味着我将取得世界最大炼油商的地位,将为迅速把克利夫兰的炼油商捏合在一起充当强力先锋。

这一招果然十分奏效。在以后不到两个月的时间里,就有22家竞争对手归于标准石油公司的麾下,并最终让我成为那场收购战的大赢家。而这又给我势不可当的动力,在此后三年的时间里,我连续征服了费城、匹兹堡、巴尔的摩的炼油商,成为全美炼油业的唯一主人。

今天想来,我真是幸运,如果当时我只感叹自己时运不济,选择随波逐流,或许我早已被征服,但我策划出了我的运气。

世界上什么事都可能发生,就是不会发生不劳而获的事,那些随波逐流、墨守成规的人,我不屑一顾。他们的大脑被保守的思想所盘踞,以为能全身而退就沾沾自喜。

约翰,要想让我们的好运气持续下去,我们必须要精心策

第2封信
运气靠策划

划运气，而策划运气，需要好的计划，好的计划一定是好的设计，好的设计一定能够发挥作用。你需要知道，在构思好的设计时，要首先考虑两个基本条件，第一个条件是知道自己的目标，比如你要做什么，甚至你要成为什么样的人；第二个条件是知道自己拥有什么资源，如地位、金钱、人际关系，乃至能力。

这两个基本条件的顺序并非绝对不可改变，你可能先有一个构想、一个目标，才开始寻找适于这些资源的目标。还可以把它们混合到一起，形成第三和第四种方法，例如拥有某种目标和某种资源，为实现目标，你必须选择性地创造一些资源；也可能拥有一些资源和某个目标，你必须根据这些资源；提高或降低目标。

你根据资源调整目标或根据目标调整资源之后，就有了一个基础——可以据此构思设计的结构，剩下的东西就是用手段与时间去填充和等待运气的来临了。

你需要记住，我的儿子，设计运气，就是设计人生。所以在你等待运气的时候，你要知道如何引导运气。试试看吧。

爱你的父亲

第3封信
天堂与地狱比邻

> 失去工作就等于失去快乐。但是令人遗憾的是,有些人却要在失业之后,才能体会到这一点,这真不幸!我可以很自豪地说,我从未尝过失业的滋味,这并非我运气好,而在于我从不把工作视为毫无乐趣的苦役,却能从工作中找到无限的快乐。

亲爱的约翰:

有一则寓言很有意味,也让我感触良多。

在古老的欧洲,有一个人在他死的时候,发现自己来到了一个美妙而又能享受一切的地方。他刚踏进那片乐土,就有个看似侍者模样的人走过来问他:"先生,您有什么需要吗?在这里您可以拥有一切您想要的,所有美味佳肴,所有可能的娱乐

第3封信
天堂与地狱比邻

以及各式各样的消遣,其中不乏妙龄美女的陪伴,都可以让您尽情享用。"

这个人听了以后,感到有些惊奇,但非常高兴,他暗自窃喜:这不正是我在人世间的梦想嘛!一整天他都在品尝所有的佳肴美食,同时尽享美色的滋味。然而,有一天,他却对这一切感到索然无味了,于是他就对侍者说:"我对这一切感到很厌烦,我需要做一些事情。你可以给我找一份工作吗?"

他没想到,他所得到的回答却是拒绝,侍者说:"很抱歉,我的先生,这是我们这里唯一不能为您做的。这里没有工作可以给您。"

这个人非常沮丧,愤怒地挥动着手说:"这真是太糟糕了!那我干脆就留在地狱好了!"

"您以为,您在什么地方呢?"那位侍者温和地说。

约翰,这则很富幽默感的寓言,似乎告诉我们:失去工作就等于失去快乐。但是令人遗憾的是,有些人却要在失业之后,才能体会到这一点,这真不幸!

我可以很自豪地说,我从未尝过失业的滋味,这并非我运气好,而在于我从不把工作视为毫无乐趣的苦役,却能从工作中找到无限的快乐。

我认为,工作是一项特权,它带来比维持生活更多的事物。

工作是所有生意的基础、所有繁荣的来源，也是天才的塑造者。工作使年轻人奋发有为，比他的父母做得更多，不管他们多么有钱。工作可能以最微薄的储蓄表示出来，并奠定幸福的基础。工作是增添生命味道的食盐，但人们必须先爱它，工作才能给予人们最大的恩惠，获得最大的结果。

我初进商界时，时常听说，一个人想爬到高峰需要做出很多牺牲。然而，岁月流逝，我开始了解到很多正爬向高峰的人，并不是在"付出代价"。他们努力工作是因为他们真正地喜爱工作。任何行业中往上爬的人都是完全投入正在做的事情，且专心致志。衷心喜爱从事的工作，自然也就成功了。

热爱工作是一种信念。怀着这个信念，我们能把绝望的大山凿成一块希望的磐石。一位伟大的画家说得好，"痛苦终将过去，但是美丽永存"。

但有些人显然不够聪明，他们有野心，却对工作过分挑剔，一直在寻找"完美的"雇主或工作。事实上，雇主需要准时工作、诚实而努力的雇员，他只将加薪与升迁机会留给那些格外努力、格外忠心、格外热心、花更多的时间做事的雇员，因为他在经营生意，而不是在做慈善事业，他需要的是那些更有价值的人。

不管一个人的野心有多么大，他至少要先起步，才能到达

——第3封信
天堂与地狱比邻

高峰。一旦起步，继续前进就不太困难了。工作越是困难或不愉快，越要立刻去做。如果他等的时间越久，就变得越困难、可怕，这有点儿像打枪一样，你瞄的时间越长，射击的机会就越渺茫。

我永远也忘不了做第一份工作——记账员时的经历，那时我虽然每天天刚蒙蒙亮就得去上班，而且办公室里点着的鲸油灯又很昏暗，但那份工作从未让我感到枯燥乏味，反而很令我着迷和喜悦，连办公室里的一切繁文缛节都不能让我对它失去热心，而结果是雇主不断地为我加薪。

收入只是你工作的副产品，做好你该做的事，出色完成你该完成的工作，理想的薪金必然会来。而更为重要的是，我们劳苦的最高报酬，不在于我们所获得的，而在于我们会因此成为什么。那些头脑活跃的人拼命劳作绝不是只为了赚钱，使他们工作热情得以持续下去的东西要比只知敛财的欲望更为高尚——他们是在从事一项迷人的事业。

老实说我是一个野心家，从小我就想成为巨富。对我来说，我受雇的休伊特-塔特尔公司是一个锻炼我的能力、让我一试身手的好地方。它代理销售各种商品，拥有一座铁矿，还经营着两项让它赖以生存的技术，那就是给美国经济带来革命性变化的铁路与电报。它把我带进了妙趣横生、广阔绚烂的商业世界，让我学会了尊重数字与事实，让我看到了运输业的威力，更培养了我作为商人应具备的能力与素养。所有这些都在我以后的经商中发挥了极大效能。我可以说，没有在休伊特－塔特尔公司的历练，我或许要在事业上走很多弯路。

现在，每当想起休伊特和塔特尔两位先生时，我的内心就不禁涌起感恩之情，那段工作生涯是我一生奋斗的开端，为我打下了奋起的基础，我永远对那三年半的经历感激不尽。

所以，我从未像有些人那样抱怨他的雇主，他们说："我们只不过是奴隶，我们被雇主压在尘土上，他们却高高在上，在他们美丽的别墅里享乐；他们的保险柜里装满了黄金，他们所拥有的每一块钱，都是压榨我们这些诚实的工人得来的。"我不知道这些抱怨的人是否想过：是谁给了你就业的机会？是谁给了你建设家庭的可能？是谁让你得到了发展自己的可能？如果你已经意识到了别人对你的这种压榨，那你为什么不结束这种压榨，一走了之呢？

工作是一种态度，它决定了我们快乐与否。同样都是石匠，同样在雕塑石像，如果你问他们："你在这做什么？"他们中的一个人可能就会说："你看到了呀，我正在凿石头，凿完这块我就可以回家了。"这种人永远视工作为惩罚，在他嘴里最常吐出的一个字就是"累"。

第3封信
天堂与地狱比邻

另一个人可能会说:"你看到了吗?我正在做雕像。这是一份很辛苦的工作,但是酬劳很高。毕竟我有太太和四个孩子,他们需要温饱。"这种人永远视工作为负担,在他嘴里经常吐出来的一句话就是"养家糊口"。

第三个人可能会放下锤子,骄傲地指着石雕说:"你看到了吧,我正在做一件艺术品。"这种人永远以工作为荣,以工作为乐,在他嘴里最常吐出的一句话是"这个工作很有意义"。

天堂和地狱都由自己建造。如果你赋予工作意义,不论工作大小,你都会感到快乐,自我设定的目标不论高低,都会使人对工作产生乐趣。如果你不喜欢做的话,任何简单的事都会变得困难、无趣,当你叫喊着这个工作很累人时,即使你不卖力气,也会感到精疲力竭,反之就大不相同。事情就是这样。

约翰,如果你视工作为一种乐趣,人生就是天堂;如果你视工作为一种义务,人生就是地狱。审视一下你的工作态度,那会让我们都感到愉快。

爱你的父亲

第4封信
现在就去做

> 我一直相信,机会是靠争取得来的。再好的构想都存在缺陷,即使是再普通不过的计划,只要你确实执行并且继续发展,所取得的效果都会比半途而废的好计划要好得多,因为前者会贯彻始终,而后者却前功尽弃。所以我说,成功没有秘诀,要在人生中取得正面结果,有过人的聪明智慧和一技之长自然好,没有也无须沮丧,只要肯积极行动,你就会越来越接近成功。

亲爱的约翰:

聪明人说的话总能让我记得很牢。有位聪明人说得好,"教育涵盖了许多方面,但是他本身不教你任何一面"。这位聪明人向我们展示了一条真理:如果你不采取行动,世界上最实用、最美丽、最可行的哲学也无法行得通。

我一直相信,机会是靠争取得来的。再好的构想都存在缺

第4封信
现在就去做

陷,即使是再普通不过的计划,只要你确实执行并且继续发展,所取得的效果都会比半途而废的好计划要好得多,因为前者会贯彻始终,而后者却前功尽弃。所以我说,成功没有秘诀,要在人生中取得正面结果,有过人的聪明智慧和一技之长自然好,没有也无须沮丧,只要肯积极行动,你就会越来越接近成功。

遗憾的是,很多人并没有汲取这个最大的教训,结果让自己沦为了平庸之辈。看看那些庸庸碌碌的甘于平凡的人,你就会发现,他们都在被动地活着,他们说的远比做的多,甚至只说不做。但他们几乎个个都是找借口的行家,他们会找各种借口来拖延,直到最后他们证明这件事不应该去做、没有能力去做或已经来不及了为止。

与这类人相比,我似乎聪明、狡猾了许多。盖茨先生吹捧我是个主动做事、自动自发的行动者。我很乐意听到这样的吹捧,因为我没有辜负它。积极行动是我身上的另一个标志,我从不喜欢纸上谈兵。因为我知道,没有行动就没有结果,世界上没有哪一件东西不是由一个个想法付诸实施所得来的。人只要活着,就必须考虑行动。

很多人都承认,没有智慧作为基础的知识是没用的,但更令人沮丧的是即使空有知识和智慧,如果没有行动,一切仍属空谈。行动与充分准备其实可视为物体的两面。人生必须适可而止。做太多的准备却迟迟不去行动,最后只会徒然浪费时间。换句话说,事事必须有节制,我们不能落入不断演练、计划的圈套,而必须承认一个现实——不论计划有多么周详,我们仍然不可能准确预测最后的解决方案。

我当然不否认计划非常重要,计划是获得有利结果的第一步,但计划并非行动,也无法代替行动。就如同打高尔夫球一样,如果没有打过第一洞,便无法到达第二洞。行动解决一切问题。没有行动,什么都不会发生。我们无论如何也买不到万无一失的保险,但我们可以做到的是下定决心去实施我们的计划。

缺乏行动力的人,都有一个坏习惯:喜欢维持现状,拒绝改变。我认为这是一种极具欺骗性和自我毁灭效果的坏习惯,因为一切都在变化之中,正如人会生死一样,没有不变的事物。但因内心的恐惧——对未知的恐惧——很多人抗拒改变,哪怕现状让他非常不满意,他都不敢向前跨出一步。看看那些本该事业有成,却一事无成的人,你就知道不同情他们是件很难的事。

是的,每个人在决定一件大事时,心里都会或多或少有些担心、恐惧,都会面对到底要不要做的困扰。但"行动派"会用决心燃起心灵的火花,想出各种办法来完成他们的心愿,而且更有勇气克服种种困难。

很多缺乏行动力的人大都很天真，喜欢坐等事情自然发生。他们天真地以为，别人会关心他们的事。事实上，除了自己以外，别人对他们不大感兴趣，人们只对自己的事情感兴趣。例如一桩生意，我们获利比重越高，就要越主动采取行动，因为成败与别人的关系不大，他们不会在乎的。这时候，我们最好推它一把，如果我们怠惰、退缩，坐等别人主动来推动事情的话，结果必定会令人失望。

一个人只有自己依靠自己，他才不会让自己失望，并能增加自己控制命运的机会。聪明人只会去促使事情发生。

人生中最令人感到挫折的，莫过于想做的事太多，结果不但没有足够的时间去做，反而想到每件事的步骤繁多，而被自己无论如何都做不到的情绪所震慑，以致一事无成。我们必须承认，时间有限，任何人都无法做完所有的事情。聪明人知道，并非所有的行动都会产生好的结果，只有明智的行动才能带来有意义的结果，所以聪明人只会做以后能获得正面效果的工作，做与完成最大目标有关的工作，而且专心致志，所以聪明人总能作出最有价值的贡献，并获得很多好处。

要吃掉大象需要一口一口地吃，做事也是一样，想完成所有的事情，只会让机会溜掉。我的座右铭是：洛克菲勒对紧急事件采取不公平的待遇。

很多人都是自己让自己变成一个被动者的,他们想等到所有的条件都十全十美,也就是时机成熟以后才行动。人生随时都有机会,但是几乎没有十全十美的。那些被动的人平庸一辈子,恰恰是因为他们一定要等到每一件事情都百分之百有利、万无一失以后才去做。这是傻瓜的做法。我们必须向生命妥协,相信手上的正是目前需要的机会,才会将自己挡在陷入行动前永远痴痴等待的泥沼之外。

我们追求完美,但是人类的事情没有一件绝对完美,只有接近完美。等到所有条件都完美以后才去做,只能永远等下去,并将机会拱手让给他人。那些要等到所有事情都已经准备妥当才出发的人,将永远也离不开家。要想变成"我现在就去做"的那种人,就要停止一切白日梦,时时想到现在,从现在就开始做。诸如"明天""下礼拜""将来"之类的句子,跟"永远不可能做到"的意义相同。

每个人都有失去自信、怀疑自己能力的时候,尤其是处在逆境之中。但真正懂得行动艺术的人,却可以用坚强的毅力克服它,会告诉自己每个人都有失败的时候,也有失败得很惨的时候,会告诉自己不论事前做了多少准备、思考多久,真正着手做的时候,都难免会犯错误。然而,被动的人,并不把失败

——第4封信
现在就去做

视为学习和成长的机会，却总在告诫自己：或许我真的不行了，以致失去了积极参与未来的机会。

很多人都相信心想事成，但我却将其视为谎言。好主意一毛钱能买一打，最初的想法只是一连串行动的起步，接下来需要第二阶段的准备、计划和第三阶段的行动。在我们这个世界上从来不缺少有想法有主意的人，但很少有人懂得成功地将一个好主意付诸实践比在家空想出一千个好主意要有价值得多。

人们真正用来判断你的能力的基础条件，不是你脑子里装了多少东西，而是你的行动。人们都信任脚踏实地的人，他们都会想：这个人敢说敢做，一定知道怎么做最好。我还没听过有人因为没有打扰别人、没有采取行动或要等别人下令才做事而受到赞扬的。那些在工商界、政府、军队中的领军人物，都是很能干又肯干的人、百分之百主动的人。那些站在场外袖手旁观的人永远成不了领袖人物。

不论是自动自发者还是被动的人，都是习惯使然。习惯有如绳索，我们每天纺织一根绳索，最后它粗大得无法折断。习惯的绳索不是带领我们到高峰就是引领我们到低谷，这得看是好习惯还是坏习惯了。坏习惯能摆布我们、左右成败，它很容易养成，但却很难伺候。好习惯很难养成，但很容易维持下去。

要有现在就做的习惯，最重要的是要有积极主动的精神，戒除精神散漫的习惯，要决心做个主动的人，要勇于做事，不要等到万事俱备以后才去做，永远没有绝对完美的事。培养行动的习惯，不需要特殊的聪明智慧或专门的技巧，只需要努力耕耘，让好习惯在生活中开花结果即可。

儿子，人生就是一场伟大的战役，为了胜利，你需要行动，再行动，永远行动！只有这样，你的安全才能得到保障。

祝圣诞节快乐！我想此时送给你的这封信，是再好不过的圣诞礼物了。

爱你的父亲

第5封信
要有竞争的决心

> 每一场至关重要的竞争都是一场决定命运的大战。"后退就是投降！后退就将沦为奴隶！"战争既然不可避免，那就让它来吧！而在这个世界上，竞争一刻都不会停止，我们也就没有休息的时候。我们所能做的，就是带上钢铁般的决心，接受纷至沓来的各种挑战和竞争，而且要情绪高昂并乐在其中，否则，就不会产生好的结果。

亲爱的约翰：

我有一个不好的消息要告诉你，就在昨天晚上，本森先生去世了。这让我感到难过。

本森先生是我昔日的劲敌，是一个让我尊重的竞争对手。他卓尔不群的才干、顽强的意志和优雅的风度都给我留下了深刻的印象。

直到现在，我还记得在我们结盟之后，他跟我开的那个玩笑，他说："洛克菲勒先生，您是一个毫不手软而又完美的掠夺者。如果我输给那些坏蛋，会让我非常难过，因为那就像遭遇了抢劫。但与您这种循规蹈矩的人交手，不管输赢，都会让人感到快乐。"

当时，我分不清本森是在恭维我还是在赞美我，我告诉他："本森先生，如果您能把掠夺者换成征服者，我想我会乐意接受的。"他笑了。

我非常敬佩那些在大敌当前依然英勇奋战的勇士，本森先生就是这样的人。本森在与我结成联盟之前，我刚刚击败了全美最大的铁路公司——宾州铁路公司，并成功制服了全美第四家也是最后一家大型铁路公司——巴尔的摩－俄亥俄铁路公司。就这样，连同我最忠实的盟友——伊利铁路公司和纽约中央铁路公司，全美四大铁路公司全都成为我手中掌控的工具。

与此同时，标准石油公司的输油管道正一步步延伸到油田，更让我感到高兴的是，我们获得了连接油井和铁路干线所有主要输油线的绝对控制权。

坦率地说，那时我的势力已经触及采油、炼油、运输、市场等石油行业的各个角落，如果我说我手中握有采油商、炼油商的生杀大权，这绝非大话，我可以让他们腰缠万贯，也可以

——第5封信
要有竞争的决心

让他们一文不值。但的确有人无视我的权威,例如本森先生。

本森先生是个雄心勃勃的商人,他要铺设一条从布拉德福德油田到威廉斯波特的输油管道,去拯救那些唯恐被我击垮,而急欲摆脱我束缚的独立石油生产商们。当然,想从中大捞一把的念头更驱使着他勇闯我的领地。

这条连接宾州东北部与西部的输油管线,从一开始就以惊人的速度在向前推进。这引起我的极大关注。约翰,任何竞争都不是一场轻松的游戏,而是活力十足、需要密切注意、不断作出决定的游戏,否则,稍不留神你就输了。

本森先生在制造麻烦,我必须让他住手。起初我用了一套显然并不高明的手法与本森开始较量:我用高价买下一块沿宾州州界由北向南的狭长土地,企图阻止本森前进的步伐,但本森采取绕行的办法,化解了我打出的重拳,结果我成了无所作为的地主,却让那里的农民一夜暴富。接着我动用了盟友的力量,要求铁路公司绝不能让任何输油管道跨越他们的铁路,本森如法炮制,再次成功突围。最后我想借助政府的力量来阻止本森,但没有成功,只能眼睁睁地看着本森成为英雄。

我知道,我遇到了难以征服的劲敌,但他无法动摇我竞争的决心,因为那条长达110英里的管道是我最大的威胁,如果任由原油在那里毫无阻碍地流淌,一直流到纽约,那么本森他们就将取代我成为纽约炼油业的新主人，同样也将使我失去对布拉德福德油田的控制。这是我不能允许的。

当然，我并不想赶尽杀绝。我真正的目标是希望不用太高的价格，就能得到我想要的东西——不能让本森他们胡来，破坏我费尽心机才建立起来的市场秩序，毁了我对石油业的控制权，这可是我的生命。所以，当那条巨蛇即将开始涌动的时候，我向本森提议，我想买他们的股票。但很不幸，我遭到了拒绝。

这激怒了我们很多人。主管公司管道运输业务的奥戴先生提出用武力破坏他们的管道，以惩罚那些不知好歹的家伙。我厌恶这种简单粗暴的想法，只有无能的人才会做出这类令人不齿的勾当，我告诉奥戴："打消你那个愚蠢的想法！我从来没有想到会输，即使输了，唯一该做的就是光明磊落地输。"

如果谁能在背后搞鬼而没有被人抓到，他可能占据绝对的竞争优势。但是，邪恶和不道德的行为非常危险，它会让你丧失尊严，甚至带来牢狱之灾。而任何欺骗和不道德的行为都无法持久，都不能成为可靠的企业策略，这只会破坏大局，使未来变得愈发困难，甚至失去一切发展的机会。我们一定要讲究规矩，因为规矩可以创造关系，关系会带来长久的业务，好的交易会创造更多的交易，否则，我们将提前结束我们的好运。

——第5封信
要有竞争的决心

就我本性而言，我不欢迎竞争，我想做的就是彻底摧毁竞争者。但我不需要不光彩的胜利，我要赢得美满、彻底而体面。就在本森洋洋得意，享受成功带来的喜悦之时，我向他发动了一系列令他难以招架的攻势。我派人给储油罐生产商送去大批订单，要求他们保证生产、按时交货，令他们无暇顾及其他客户，包括本森。没有储油罐，采油商只能将开采的原油倾泻到荒野上，那么等待本森先生的就不会是待运输的石油，而是大声的抱怨。与此同时，我大幅降低管道运输价格，将大批靠本森运送原油的炼油商们吸引过来，变成我们的客户。而在此前我已迅速收购了在纽约的几家炼油厂，以阻止它们成为本森一伙的客户。

一个优秀的指挥官，不会攻打与他毫无利害关系的碉堡，而是要全力摧毁那个至关重要、关乎攻城行动胜利的碉堡。我的每一轮攻击都打在本森先生的致命关节，让他无油可运，最终我成为胜利者。在那条被称为全球最长的输油管道建成未足一年之时，本森先生投降了，他主动提出与我和解。我知道这不是他的本意，但他很清楚，如果再与我继续对抗下去，等待他的就只有更加悲惨的失败。

约翰，每一场至关重要的竞争都是一场决定命运的大战。"后退就是投降！后退就将沦为奴隶！"战争既然不可避免，那

·43·

就让它来吧！而在这个世界上，竞争一刻都不会停止，我们也就没有休息的时候。我们所能做的，就是带上钢铁般的决心，接受纷至沓来的各种挑战和竞争，而且要情绪高昂并乐在其中，否则，就不会产生好的结果。

要想在竞争中获胜，较为关键的是你要保持警觉，当你不断地看到对手想削弱你的时候，那就是竞争的开始。这时你需要知道自己拥有什么，也需要知道友善、温情可能会害了你，而后就是动用所有的资源和技巧，去赢得胜利。

当然，要想在竞争中获胜，勇气只是赢得胜利的一方面，还要有实力。拐杖不能取代强健有力的双脚，我们要靠自己的双脚站起来。如果你的双脚不够强壮，无法支持你作出迅速而稳健的行动，这时你要做的不是放弃和认输，而应该是努力去磨炼、强化你的双脚，让它们更有力量。

我想本森先生在天堂里也会同意我的观点的。

爱你的父亲

第6封信
为前途抵押

> 借钱是为了创造好运。如果抵押一块土地就能借得足够的现金让我独占一块更大的地方，那么我会毫不迟疑地抓住这个机会。
>
> 人生就是不断抵押的过程，为前途我们抵押青春，为幸福我们抵押生命。因为如果你不敢逼近底线，你就输了。为了成功，我们抵押冒险，这难道不值得吗？

亲爱的约翰：

你用向我借来的钱去股市闯荡，这让你感到有些不安，我能够理解。因为你想赢，却又怕在那个冒险的世界里输，而输掉的钱不是你的，是借来的，需要支付利息。

这种输不起的感受，在我创业之初，乃至较有成就之后，似乎一直都在支配着我，以致每次借款之前，我都会在谨慎与冒险之间徘徊，苦苦挣扎，甚至夜不能寐，躺在床上就开始算计如何偿还欠款。

常有人说，冒险的人容易招致失败，但白痴又何尝不是如此？在我恐惧失败过后，我总能打起精神，决定去再次借钱。事实上，为了取得进步我没有其他道路可走，我不得不去银行贷款。

儿子，呈现在我们眼前的，经常是巧妙化解棘手问题的大好良机。借钱不是件坏事，它不会让你破产，只要你不把它看成像救生圈一样，只在出现危机的时候使用，而应该把它看成是一种有力的工具，你就可以用它来开创机会。否则，你就会陷入恐惧失败的泥潭，让恐惧束缚住你本可大展宏图的双臂，以致终无所成。

我所熟知或认识的富翁中间，只靠自己一点一滴、日积月累挣钱发达的人少之又少，更多的人是因借钱而发财，这其中的道理并不深奥，一块钱的买卖远远比不上一百块钱的买卖赚得多。

不论是要赢得财富，还是要赢得人生，优秀的人在竞技中想的不是输了我会怎样，而是要成为胜利者，我应该做什么。

借钱是为了创造好运。如果抵押一块土地就能借得足够的现金让我独占一块更大的地方，那么我会毫不迟疑地抓住这个

——第 6 封信
为前途抵押

机会。在克利夫兰时,我为扩张实力、夺得克利夫兰炼油界头把交椅地位,我曾多次欠下巨债,甚至不惜把我的企业抵押给银行,结果是我成功了,我创造了令人震惊的成就。

儿子,人生就是不断抵押的过程,为前途我们抵押青春,为幸福我们抵押生命。因为如果你不敢逼近底线,你就输了。为了成功,我们抵押冒险,这难道不值得吗?

谈到抵押,我想告诉你,在我从银行家手里接过巨款时,我抵押出去的不光是我的企业,还有我的诚实。我视合同、契约为神圣的东西,我严格遵守合同,从不拖欠债务。我对投资人、银行家、客户,包括竞争对手,从不忘记以诚相待,在同他们讨论问题时我都坚持讲真话,从不捏造或含糊其词,我坚信谎言在阳光下就会显形。

付出诚实的回报是巨大的,在我没有走出克利夫兰前,那些了解我品行的银行家们,曾一次次把我从难以摆脱的危机中拯救出来。

我清楚地记得,有一天,我的一个炼油厂突然失火,损失惨重。由于保险公司迟迟不能赔付保险金,而我又急需一笔钱重建企业,因此我不得不向银行追加贷款。现在一想起那天在银行贷款的情景就让我激动不已。本来在那些缺乏远见的银行家眼里,炼油业早已是高风险行业,向这个行业提供资金不亚于是在赌博，再加上我的炼油厂刚刚被毁于一炬，所以有些银行董事对我追加贷款犹豫不决，不肯立即放贷。

就在这时，他们中的一个善良的人——斯蒂尔曼先生，让一名职员提来他自己的保险箱，向着其他几位董事大手一挥说："听我说，先生们，洛克菲勒先生和他的合伙人都是非常优秀的年轻人。如果他们想借更多的钱，我恳请诸位要毫不犹豫地借给他们。如果你希望更保险一些，这里就有，想拿多少就拿多少。"我用诚实征服了银行家。

儿子，诚实是一种方法，一种策略。因为我支付诚实，所以我赢得了银行家乃至更多人的信任，也因此渡过了一道道难关，踏上了成功之路。

今天，我无须再求助于任何一家银行，我就是我自己的银行，但我永远都在感激那些曾经鼎力帮助过我的银行家们。

你的未来可能会管理企业，你需要知道，经营企业的目的是赚钱。扩大企业能够赚钱，但是把企业拿出去抵押也是管理和运用金钱的重要手段。如果你只注重一种功能，而忽视另一种功能，就会招致失败；在最糟糕的情形下，可能会造成财务崩溃，即使在较好的情形下，可能也会因此错失很多机会。

管理和运用金钱跟决心赚钱不同，需要有不同的信念。要管理和运用金钱，你必须乐于亲自动手、亲自管理数字，不能只是在管理和策略上纸上谈兵。机会往往隐藏在细节之中。如果你忽视这些细节，或是超脱细节，把这种"杂事"授权给别人去做，就等于你至少忽视了事业经营的一半重要责任。细节永远不应该妨碍热情，成功的做法要求你牢记两点：一个是战术，另一个是战略。

儿子，你正朝着成功人生的方向前进，这是你一直以来的目标，你需要勇敢，再勇敢。

爱你的父亲

第7封信
别让精神破产

> 人始终要保持活力，保持坚强，不论遭遇怎样的失败与挫折，这是我唯一能做的事情。我非常明白，做什么事情才会让自己感到快乐，什么东西值得自己为之效命。最初的期望，就像清洁工用手中的扫把，扫尽成功路上所有的垃圾。儿子，你自己最初的期望在哪里？只要你不丢掉它，成功必将到来。

亲爱的约翰：

你近来的情绪过于低落，这种表现让我感到非常难过。我能真切地感受到，你还在为那笔让你赔进100万美元的投资而感到耻辱和羞愧，因此终日闷闷不乐、忧心忡忡。其实，这大可不必，一次失败并不能说明什么，失败更不会在你的脑门上贴上无能者的标签。

第 7 封信
别让精神破产

乐观起来，我的儿子。你需要知道，在这个世界上，任何人的一生都不可能自始至终地保持顺利；相反，却要时刻与失败比邻而居。也许正因为这个世界上有太多太多无奈的失败，追求卓越才变得魅力十足。人们对成功竞相追逐，甚至不惜以生命为代价。但即便如此，失败还是不可避免的。

我们的命运也是如此，只是与有些人不同，我把失败当作一杯烈酒，咽下去的是苦涩，吐出来的却是精神。

在我雄心勃勃进入商界，跪下来诚心祈求上帝保佑我们的新公司一路顺风之时，一场灾难性的风暴袭击了我们。当时我们签订了一笔合同，要购进一大批豆子，本来可以从中大赚一把，但没有想到一场突然"来访"的霜冻击碎了我们的美梦，到手的豆子毁了一半，而且有失德行的供货商还在里面掺加了沙土和细小的豆叶、豆秸。这注定是一笔要做砸了的生意。但我知道，我不能沮丧，更不能沉浸在失败的痛苦当中，否则，我就会离我的目标越来越远。

天下没有白吃的午餐，更不可能一直维持现状，如果静止不动，就是退步，但要前进，必须乐于做决定和冒险。那笔生意失败之后，我再次向我的父亲借债，尽管我很不情愿这么做。而且，为使自己在经营上胜人一筹，我告诉我的合伙人克拉克先生，我们必须宣传自己，通过报纸广告让我们的潜在客户知道，我们能够提供大笔的预付款，并能提前供应大量的农产品。

结果让人非常满意，胆识加勤奋拯救了我们，那一年我们非但没有受"豆子事件"的影响，反而赚到了一笔可观的纯利。

人人都厌恶失败，然而，一旦避免失败变成你做事的动机，你就走上了怠惰无力之路。这非常可怕，甚至是种灾难，因为这预示着你可能会丧失原本可能有的机会。

儿子，机会是稀少的东西，人们因机会而发迹、富有，看看那些穷人你就知道，他们不是无能的蠢材，他们也不是不努力，他们是苦于没有机会。你需要知道，我们生活在弱肉强食的丛林之中，在这里你不是吃人就是被别人吃掉，逃避风险几乎就是放弃成功；而如果你利用了机会，那别人的机会就相应减少了，这样能更好地保全自己。

害怕失败就不敢冒险，不敢冒险就会错失眼前的机会。所以，我的儿子，为了避免丧失机会，保住竞争的资格，我们为失败与挫折买单是值得的！

失败是迈向更高地位的开始。可以说，我今天的地位，是踩着失败的螺旋阶梯升上来的，是在失败中崛起的。我是一个聪明的"失败者"，我知道向失败学习，从失败的经验中汲取成功的因素，用自己不曾想到的手段，去开创新事业。所以我想说，只要不变成习惯，失败是件好事。

我的座右铭是：人始终要保持活力，保持坚强，不论遭遇怎样的失败与挫折，这是我唯一能做的事情。我非常明白，做什么事情才会让自己感到快乐，什么东西值得自己为之效命。最初的期望，就像清洁工用手中的扫把，扫尽成功路上所有的垃圾。儿子，你自己最初的期望在哪里？只要你不丢掉它，成功必将到来。

乐观的人在苦难中会看到机会，悲观的人在机会中只会看到苦难。儿子，记住我深信不疑的成功公式：梦想＋失败＋挑战＝成功。

当然，失败有它的杀伤力，它会打击人的意志力，使人变得萎靡不振，但最重要的是你对待失败的态度。天才发明家托马斯·爱迪生先生，在用电灯照亮摩根先生的办公室前共做了一万多次实验，在他那里，失败是成功的试验田。

10年前，《纽约太阳报》一位年轻记者对爱迪生进行了一次采访，那位少不更事的年轻记者问道："爱迪生先生，您目前的发明曾经失败过一万次，您对这些有什么看法？"爱迪生对"失败"一词很不受用，他以长者的口吻对那位记者说："年轻人，你的人生旅程才刚刚开始，所以我告诉你一个对你的未来很有帮助的启示，我没有失败过一万次，我只是发明了一万种行不通的方法。"精神的力量永远如此巨大。

儿子，如果你宣布精神破产，你就会输掉一切。你需要知道，人的事业就如同浪潮，如果你踩到浪头，功名随之而来；而一旦错失，则终其一生都将受困于浅滩与悲哀。失败是一种学习经历，你可让它变成墓碑，也可以让它变成垫脚石。

没有挑战就没有成功，不要因为一次失败就停下脚步，战胜自己，你就是最大的胜者！

我对你很有信心。

爱你的父亲

第8封信
只有放弃才会失败

> 我们可以在每一级阶梯上停留足够长的时间和足够多的次数,但它的用处不是为我们提供休息场所,而是让你有机会踏上更高一层的阶梯。我们在途中不免疲倦与灰心,但就像一个拳击手所说的,你要再战一回合才能得胜。碰到困难时,我们要再战一回合。每一个人的内在都有无限的潜能,除非我们知道它在哪里,并坚持利用它,否则它毫无价值。

亲爱的约翰:

今天是伟大的一天!

今天,美利坚合众国举国上下怀着一种特有的感恩之情,来纪念那个伟大而又罕有的灵魂——无愧于上帝与人类的前总统亚伯拉罕·林肯先生。我相信林肯受之无愧。

在我真实的记忆中,没有谁能比林肯更伟大。他书写了一段成功而又令人动容的美国历史,他用不屈不挠的精神与勇气以及宽厚仁爱的心,使400万黑奴获得解放,同时解开了2700万另一肤色的美国公民灵魂上的枷锁,结束了因种族仇恨而使灵魂堕落、扭曲和狭隘的罪恶历史。他化解了国家被毁灭的灾难,将一切不同语言、宗教、肤色和种族的人民团结到一个崭新的国家里。美利坚合众国因他获得了自由,因他而幸运地踏上了正直公平的康庄大道。

林肯是上一个世纪最伟大的英雄,今天,在他百年诞辰之际,举国上下追思他为美国所做的一切,就是一个最好的证明。

然而,当我们回顾并由衷感激他的光辉伟业时,我们应当汲取并发扬其人生所具有的特殊教益——执着的决心与勇气。我想我们纪念他的最好方式就是效法他,让他永不放弃的精神光照美国。

在我心中,不屈不挠的林肯永远是无惧困难的化身。他出身贫寒,还曾被赶出家园。他第一次经商的结果是失败,第二次的从商经历比第一次更惨痛,以至于他不得不用十几年的时间去偿还他的债务。他的从政之路同样坎坷,第一次竞选州议员遭受的结果是失败,他因此丢掉了工作。幸运的是,他第二次竞选成功了。然而接下来的是丧失亲人的痛苦,紧接着州参议员发言人竞选的失败也在等待着他。但是他依然没有灰心,

第8封信
只有放弃才会失败

尽管在以后的竞选中曾六度落败,但每次失败过后,他仍然力争上游,直至当选美国总统。

每个人都有历尽沧桑和饱受无情打击的时候,却很少有人能像林肯那样百折不挠。每次竞选失败过后,林肯都会激励自己:"这不过是滑了一跤而已,并不是死了爬不起来了。"这些词汇是克服困难的力量,更是林肯最终享有盛名的利器。

林肯的一生书写了一个伟大的真理:除非你放弃,否则你就不会被打垮。

功成名就是一连串的奋斗。那些伟大的人物,几乎都受过一连串的无情打击,他们每个人都险些宣布投降,但是他们还是选择了坚持到底,因此终于获得了辉煌的成就。例如伟大的希腊演说家德莫森,他因为口吃,所以生性害臊羞怯。他父亲死后给他留下一块土地,希望他能过上富裕的生活,但是按照当时希腊法律的规定,他必须在声明拥有土地权之前,先在公开辩论中赢得所有权。很不幸,因为口吃加上害羞使他惨败,结果他丧失了那块土地。但他没有被击倒,而是发愤努力战胜自己,结果他创造了人类空前未有的演讲高潮。历史忽略了那位因口吃而错失财产的人,但几个世纪以来,整个欧洲都记得一个伟大的名字——德莫森。

有太多人高估他们所欠缺的,却又低估他们所拥有的,以至丧失了成为胜利者的机会——这是个悲剧。

　　林肯的一生就是化挫折为胜利的伟大见证。没有不经过失败就获得成功的幸运儿，重要的是不要因失败而变成一位懦夫。如果我们尽了最大努力仍然与成功失之交臂，那么我们唯一要做的就是吸取教训，力求在接下来的努力中表现得更好。

　　坦率地说，我无心与林肯总统比较，但我自认拥有些许与他同样的精神，我痛恨生意失败、亏损金钱，但是比起这个，更让我关心的是，因为害怕失败而在以后的生意中变成缩手缩脚的懦夫。如果真是那样，那我的损失就更大了。

　　对一般人而言，失败很难使他们坚持下去，而成功则容易继续下去。但在林肯那里是个例外，他会利用种种挫折和失败，来驱使自己更进一步。因为他有钢铁般的毅力，正如他自己说过的一句话，"你无法在天鹅绒上磨利剃刀"。

　　世界上没有一样东西可取代毅力。才干不可以，怀才不遇者比比皆是，一事无成的天才很普遍；教育也不可以，世上充满了学无所用的人。只有毅力和决心无往不利。

　　当我们继续迈向高峰时，我们必须记住：我们可以在每一级的阶梯上停留足够长的时间和足够多的次数，但它的用处不是提供我们休息，而是让你有机会踏上更高一层的阶梯。我们在途中不免疲倦与灰心，但就像一个拳击手所说的，你要再战

第8封信 只有放弃才会失败

一回合才能得胜。碰到困难时,我们要再战一回合。每一个人的内在都有无限的潜能,除非我们知道它在哪里,并坚持利用它,否则它毫无价值。

绝妙的机会不会自动降临,我们必须努力工作才能把握它。俗话说"趁热打铁",的确不错,毅力与努力都重要。每一个"不"的回答都使我们愈来愈接近"是"的回答。"黎明之前总是最黑暗",这句话并非口头禅,我们努力工作发挥技巧与才能时,成功的一天终会到来。

今天,我们在感激和赞美林肯总统的时候,不能忘记的是,要用他一生的事迹来激励自己。即使这样做了,我们顶天立地的一天仍未到来,我们依然是个大赢家。因为我们已经有了知识,也懂得了如何面对人生,那是更大的成功。

爱你的父亲

第9封信
坚定不移的信心足可撼动山峦

> 信心的大小决定了成就的大小。庸庸碌碌、得过且过的人,自认为做不成什么大事,所以他们仅能得到很少的报酬。他们相信自己无法创造伟大的壮举,他们便真的不能。他们认为自己人微言轻,所做的每一件事也显得无足轻重。久而久之,连他们的言行举止也会表现得缺乏自信。如果他们不能将自信抬高,他们就只能在自我评估中萎缩,变得愈来愈渺小。而且他们怎么看待自己,也会使别人怎么看待他们,于是这种人在众人的眼光下又会变得更加渺小。

亲爱的约翰:

你说得很对,拥有实现伟大抱负的智慧可以创造奇迹。然而,现实中创造奇迹的人总是寥若晨星,而庸庸碌碌之辈却如过江之鲫,不可胜数。

耐人寻味的是,人人都想大有一番作为。每一个人都想获得一些最美好的东西,谁都不希望将自己的青春与生命在庸庸

第9封信
坚定不移的信心足可撼动山峦

碌碌的日子中消耗殆尽。

难道我们没有实现伟大抱负的智慧吗？当然不是！最实用的成功智慧早已写在《圣经》之中，那就是"坚定不移的信心足可撼动山峦"。可为什么还有那么多失败者呢？我想那是因为真正相信自己能够撼动山峦的人不多，结果，真正做到的人也自然不多。

绝大多数的人都认为那句圣言是荒谬的想法，认为那是根本不可能的。我认为这些无可救药的人犯了一个常识性错误，他们错把信心当成了"希望"。不错，我们无法用"希望"撼动一座高山，也无法只凭借"希望"获得成功，也不能只靠"希望"给你带来财富和地位。

但是，信心的力量却能帮助我们撼动一座山峦，换句话说，只要我们自信能够成功，就可以创造奇迹。你也许认为我将信心的威力神奇或神秘化了，不！信心产生相信"我确实能够做到"的态度，相信"我确实能够做到"的态度能创造出成功所必备的能力、技巧与精力。每当你相信"我能做到"时，自然就会想出"如何解决"的方法，成功就诞生在成功解决问题之中。这就是信心发挥效用的过程。

每一个人都"希望"有一天能登上成功的顶峰，享受随之而来的成功果实。但是绝大多数人偏偏都不具备必需的信心与决心，他们也便无法达到顶峰。也因为他们不相信能够到达，以致找不到登上顶峰的途径，他们的作为也就一直停留在一般人的水准。

但是，有少部分人真的相信他们总有一天会成功。他们抱着"我就要登上顶峰"的心态来进行各项工作，并且凭着坚强的信心实现目标。我以为我就是他们其中的一员。当我还是一个穷小子的时候，我就自信我一定会成为天下最富有的人，强烈的自信激励我想出各种可行的计划、方法、手段和技巧，一步步攀上了石油王国的顶峰。

我从不相信失败是成功之母，我相信信心是成功之父。胜利是一种习惯，失败也是一种习惯。如果想成功，就得取得持续性的胜利。我不喜欢取得一定量的胜利，我要的是持续性胜利，只有这样我才能成为强者。信心激发了我成功的动力。

相信会有伟大的结果，是所有伟大事业、书籍、剧本，以及科学新知背后的动力。相信会成功，是成功人士拥有的一项基本而绝对必备的要素，但失败者慷慨地丢掉了这些。

我曾与许多在生意场上失败过的人进行谈话，听到的是无数失败的理由与借口。这些失败者在说话的时候，时常会在无意中说："老实说，我并不以为它会行得通。""我在开始之前就感到不安了。""事实上，我对这件事情的失败并不会太惊奇。"

第9封信 坚定不移的信心足可撼动山峦

以"我暂且试试看,但我想还是不会有什么结果"的态度行事,毫无疑问最后一定会招致失败。"不信"是消极的力量。当你心中不能确定甚至产生怀疑时,你就会想出各种理由来支持你的"不信"。怀疑、不信、潜意识里的失败倾向,以及不是很想成功,都是失败的主因。心中存有怀疑,就会失败。相信会胜利,就必定成功。

信心的大小决定了成就的大小。庸庸碌碌、得过且过的人,自认为做不成什么大事,所以他们仅能得到很少的报酬。他们相信无法创造伟大的壮举,他们便真的不能。他们认为自己人微言轻,所做的每一件事也显得无足轻重。久而久之,连他们的言行举止也会表现得缺乏自信。如果他们不能将自信抬高,他们就只能在自我评估中萎缩,变得愈来愈渺小。而且他们怎么看待自己,也会使别人怎么看待他们,于是这种人在众人的眼光下又会变得更加渺小。

那些积极向前的人,肯定自己有更大的价值,他就能得到很大的回报。他相信自己能处理艰巨的任务,他就真的能做到。他所做的每一件事情,他的待人接物,他的个性、想法和见解,都显示出他是专家,他是一位不可或缺的重要人物。

照亮我的道路、不断给我勇气、让我积极面对生活的理想,这种支撑我的东西就是信心。在任何时候,我都不忘增强信心,给自己鼓足勇气。我用成功的信念取代失败的念头。当我面临困境时,想到的是"我会赢",而不是"我可能会输"。当我与人竞争时,我想到的是"我跟他们一样好",而不是"我无法跟他们相比"。机会出现时,我想到的是"我能做到",而不是"我不能做到"。

每个人迈向成功的第一个步骤,也是不可或缺的基本步骤,就是要相信自己,要相信自己一定能够成功。要让关键性的想法"我会成功"支配我们的各种思考过程。成功的信念会激发我们的心智和勇气去创造出获得成功的计划。失败的意念正好相反,它往往会驱使我们去想一些导致失败的念头。

我定期提醒自己:你比你想象的还要好。成功的人并不是超人。成功不需要超人的智力,不是看运气,也没有什么神秘之处。成功者是一个平凡的人,只不过他相信自己,肯定自己的所作所为。永远不要廉价出售自己。

每个人都是他自己思想的产物。可以预见的是,他所想的目标越小,他得到的成就也就越小;所想的目标越大,赢得的成功也就越大——当然,前提是你要为此付诸行动。而小的创意与计划通常比大的创意与计划要来得容易,至少不会更困难。

那些能够在商业、宗教、写作、戏剧,以及其他领域追求并达到最高峰的人,都是因为他们能够脚踏实地、持之以恒地

——第9封信
坚定不移的信心足可撼动山峦

奉行一个自我发展与成长的计划。这项训练计划会为他们带来一系列的报酬，如家人的尊敬、朋友与同事的赞赏、收入的增加与生活水平的提高，同时他们还能感受到自己的重要性和存在的价值。

　　成就辉煌就是生命的最终目标，它需要我用积极的思考去小心对待。当然，在任何时候都不能让信念出问题。

爱你的父亲

第 10 封信
你只能相信自己

> 我只有在对自己有利无害的情况下,才表现自己的感情;我可以让对手教导我,但我永远不教导对手,无论我对那件事了解有多深;凡事三思而行,不管别人如何催促,不考虑周全决不行动;我有自己的真理,只对自己负责;小心那些要求我以诚相待的人,他们或许是想在我这里捞到好处。

亲爱的约翰:

最近心情好一点儿了吗?如果还没有,我想,你需要了解点什么。

你需要知道,在这个世界上,绝大多数的人都难免受到一种特殊力量的驱使,这种力量可以轻而易举地剥落紧裹着我们人性的外衣,将我们完全暴露在阳光下,并公正地将我们圈定

第10封信 你只能相信自己

在纯洁或肮脏的图版上,以致让我们所有的辩护都变得苍白无力,无论我们多么伶牙俐齿。它就是检验我们人性的试金石——利益。

换句话说,利益是一面映照人性的镜子,在它面前,一切与道德、伦理有关的人性本质都将现形,而且一览无遗。也许你认为我的话太过绝对,但我的经历告诉我,在大多数情况下事实确实如此。

我不是人类史学家,对于人所表现出的高尚与丑恶,我不知道他们将作出何种解释,但我的人生经历让我坚信:利益似乎无坚不摧,本来彼此相安无事的人、国家,因为利益的关系纠缠杂糅在一起,彼此尔虞我诈,乃至刀枪相向。在那些骗局、陷阱乃至诽谤、污蔑和诋毁,以及残酷无情的血腥斗争和强盗式的掠夺中,你都会发现追逐利益的影子。在这个层面上,与其说我们是自己心灵的主人,倒不如说我们是利益的奴隶来得更为准确。

我可以断言,在这个世界上,除了神,没有谁不去追逐利益,只是每个人追逐的方式和目标不同。商业世界里的所有活动都只有人与人的往来,自从你进入商业世界的那一刻起,一场旷日持久的谋利游戏就开始了。在这场游戏中,人人都有可能是你的敌人,包括你自己,你需要与自己的弱点对抗,而且那些把快乐建立在你的痛苦之上的人更是你必须面对的敌人。所以，当我看破这一切之后，我一直坚守着一个原则：我可以欺骗敌人，但决不欺骗自己。给那些正在伤害我的人以正确地回击，这永远不会让我的良心不安。

　　儿子，请不要误会我，我无意要将我们这个世界涂上一层令人压抑、窒息的灰色；事实上，我渴望友谊、真诚、善良和一切能滋润我心灵的美好情感，我也相信它们一定存在。然而，很遗憾，在追名逐利的商场中，我难以得到这种满足，却要经常遭遇出卖和欺骗的打击。直到今天，我数次被骗的经历还历历在目。

　　最令我痛心的一次发生在克利夫兰。当时炼油业因生产过剩几乎无利可图，很多炼油商已经跌落到破产的边缘。更值得一提的是，克利夫兰远离油田，这就意味着与那些处在油田的炼油厂相比，我们必须要付出高昂的长途运输费用，因此这让我们处于非常被动的局面。我决心改变这种局面，开始计划大规模收购在死亡线上挣扎的炼油厂，以便形成合力，统一行动，让每个人的钱包都鼓起来。

　　我告诉那些濒临倒闭的炼油厂主，我们在克利夫兰的局势很被动，为共同保护自己，我们必须要做些什么。我认为我的计划很好，请认真想一想。如果你感兴趣，我们会很高兴与你共同磋商。另外,由于善良的愿望和战略上的考虑,我买下了许多毫无价值的工厂,它们就像陈旧的垃圾一样毫无利用价值,只配扔到废铁堆里。

但有些人竟然如此邪恶、自私和忘恩负义,他们拿到我的钱后便与我为敌,肆无忌惮地撕毁与我达成的协议。他们卷土重来,用一堆废铁换来的金子购置设备,重操旧业,并公开敲诈我,要我买下他们的工厂。这些人都曾要求我以诚相待,让我出个好价钱收购他们瘫痪的工厂,我做到了,然而,结果却令人痛心。在那一刻我的心情糟透了,我甚至自责我不该太诚实,不该太善良,否则我也不会落到处处掣肘的境地。

最令我不可接受的是,在谋利游戏中,今天的朋友会变成明天的敌人。这种情形常有发生,我认识的两个人就曾无节制地多次蒙骗我。看在相识一场的份儿上,我不想历数他们的罪恶。但我可以告诉你,当我知道我一直被他们欺骗的时候,我震惊了,我不明白他们竟何以卑鄙到如此地步!

历经种种欺骗与谎言,我无奈地告诉自己:你只能相信自己,只有如此,你才不会被人蒙骗。我知道这种略带敌意的心态不好,但这个世界有太多太多的欺骗,提防是我们不可或缺的生存技能。

跟混蛋打交道,会让你变得聪明。那些邪恶的"老师"教会了我许多东西，如果现在谁要想欺骗我，我估计那会比翻越科罗拉多大峡谷还要艰难，因为那些魔鬼帮我建立了一套与人打交道的法则，我想这套法则对你会有所帮助。

我只有在对自己有利无害的情况下，才表现自己的感情；我可以让对手教导我，但我永远不教导对手，无论我对那件事了解有多深；凡事三思而行，不管别人如何催促，不考虑周全决不行动；我有自己的真理，只对自己负责；小心那些要求我以诚相待的人，他们或许是想在我这里捞到好处。

我知道，欺骗只是谋利游戏中的策略，并不能解决问题。但我更知道，谋利游戏无时无刻地都在进行，所以我必须从早到晚保持警惕并且明白一个道理：在这场游戏中，人人都有可能是敌人，因为每个人都首先顾及自己的利益，不管是否对他人有利。重要的是如何保护自己，并随时随地做好战斗准备。

儿子，命运给予我们的不是失望之酒，而是机会之杯，振作起来！发生在华尔街的那件事，并没有什么了不得，那只是你太相信别人而已。不过，你需要知道，好马不会在同一个地方跌倒两次。

爱你的父亲

第11封信
重视对手，勇于竞争

> 我喜欢胜利，但我不喜欢为追求胜利而不择手段。不计代价获得的胜利不是胜利，丑恶的竞争手段让人厌恶，那等于画地为牢，可能以后永远无法解脱。

亲爱的约翰：

今天，在去打高尔夫球的路上，我遇到了久违的挑战：一个年轻人开着他那部时髦的雪佛兰高傲地超过了我的车子。他刺激了我这个老头子好胜的本性，结果他只能看我的车屁股了。这让我很高兴，就像我在商场上战胜了我的对手一样。

约翰，好胜是我永不磨损的天性，所以我说那些谴责我贪婪永无止境的人都错了，事实上我不喜欢钱，我喜欢的是赚钱，我喜欢的是胜利时刻的美好感觉。

当然，让别人输掉的感觉有时会触动我的恻隐之心，但是，经商是一场严酷的竞争，没有什么东西比设法迫使别人出局更无情的了，可是你只能想方设法战胜对手，否则被迫出局、接受悲惨命运的人就是你自己。有竞争出现的地方，都是这样。

坦率地说，我不喜欢竞争，但我努力竞争。每当遇到强劲的对手时，我心中竞争好胜的本性就会燃烧，而当它熄灭时，我收获的是胜利和快乐。波茨先生就曾为我带来这种快感，而且非常巨大。

与波茨先生开战，源于我的一个错误，一个因好心而酿成的错误。在19世纪70年代，石油都集中在宾夕法尼亚州西北部一个不大的地方，如果在那里建设一张输油管道网络，将所有油井连接起来，我只需要借助一个阀门，便可以控制整个油区的开采量，从而彻底独霸这一行业。可是我担心，用管道长途运输会引起与我合作的铁路公司的不安与恐惧，所以为维护他们的利益，我一直没有启动铺设输油管道的计划，更何况他们都曾帮助过我。

但是，那个曾经戏耍过我、又向我妥协了的宾夕法尼亚州铁路公司此时却野心勃勃，他们努力想取代我，要将炼油业彻

第 11 封信
重视对手，勇于竞争

底置于他们的掌控之中。他们把油区两条最大的输油管道并入了自己的铁路网络，想借此扼住我们的咽喉。而肩负完成这一使命的人，就是宾州铁路的子公司帝国运输公司的总裁波茨先生。

坐视对手发展，哪怕是潜在对手的实力增强，都是在削弱自己的力量，甚至会颠覆自己的地位，我可没那么愚蠢。我的信念是抢在别人之前达到目的。我迅速起用精明强干的奥戴先生组建了美国运输公司，与帝国公司展开了一场自卫反击战。我们的努力获得了应有的回报，不出一年，我们控制了油区四成的石油运输业务，压制住了波茨先生的进攻。但这只是我与波茨先生较量的开始。

在这个世界上能出人头地的人，都是那些懂得去寻找自己理想环境的人，如果他们不能如愿，就会自己创造出来。

两年后，在宾夕法尼亚州布拉德福德又发现了一个新油田，奥戴先生迅速带领他的人扑向那个激起千万人发财梦想的地方，不分昼夜地把输油管道铺向新油井。但开采油田的那帮家伙个个都很疯狂，毫无节制，恨不得一夜之间就把油全部采光，然后面带喜悦揣着钞票走人。所以，不管奥戴他们怎么努力，都无法满足运输和储存石油的需要。

我不想看到辛辛苦苦的采油商们自掘坟墓，毁灭自己，我请奥戴警告采油商，他们的开采能力已经远远超过了我们的运输能力，他们必须缩减生产量，否则，他们开采出来的黑金就将变成一文不值的黑土。但没有人接受我们的好意和忠告，更没有人欣赏我们的努力，反而来声讨我们，说竟敢不运走他们的石油。

就在布拉德福德的采油商们情绪激动达到顶点的时候，波茨先生动手了。他先在我们的炼油基地纽约、费城、匹兹堡向我示威，收购我们竞争对手的炼油厂。接着，又开始在布拉德福德抢占地盘，铺设输油管道，要将布拉德福德的原油运到自己的炼油厂。

我很欣赏波茨先生的胆量，更愿意接受他意欲撼动我在炼油业的统治地位而发起的挑战，但我必须将他赶出炼油行业。

我首先拜会了宾州铁路公司的大老板斯科特先生，我直言不讳地告诉他，波茨先生是个偷猎者，他正在闯入我们的领地，我们必须让他停下来。但斯科特非常固执，决心让波茨的强盗行为继续下去。我没有选择，我只能向这个强大的敌人应战。

首先我们终止了与宾州铁路的全部业务往来，我指示部属将运输业务转给一直坚定支持我们的两大铁路公司，并要求它们降低运费，与宾铁竞争，削弱它的力量，同时命令关闭依赖帝国公司运输的所有在匹兹堡的炼油厂；随后指示所有与帝国

第 11 封信
重视对手，勇于竞争

公司竞争的己方炼油厂，以远远低于对方的价格出售成品油。宾州铁路是全美最大的运输公司，斯科特先生是握有运输大权的巨头，他们以前从未被征服并以此为荣。但在我立体式、压迫式打击下，他们只有臣服。

为与我对抗，他们忍痛给予我们竞争对手巨额折扣，换句话说，他们为别人服务还要付给别人钱。接着他们使出了不得人心的一招——裁减雇员、削减工资。斯科特和波茨没有想到，这很快招致了惩罚，愤怒的工人们为发泄不满，一把大火烧了他们几百辆油罐车和一百多辆机车，逼得他们只得向华尔街银行家们紧急贷款。结果，当年宾州铁路的股东们非但没有分得红利，而且股票价格一落千丈。他们与我决斗的结果，就是他们的口袋越来越干净。

波茨先生不愧是个军人，在你死我活的硝烟中拼出了上校军衔，有着令人钦佩的不屈不挠的意志力，所以在已经分出胜负的情况下，他还想继续同我战斗下去。同样有着军旅生涯的斯科特先生，尽管此前曾是最有统治欲、最独裁的实力派人物，但他更懂得什么叫识时务，他果断地低下了不可一世的脑袋，派人告诉我，他非常希望讲和，他愿意停止炼油业务。

我知道，波茨上校想要证明自己是伟大的摩西，可惜他失败了，他彻底失败了。几年后，波茨放弃了与我对抗的欲望，这个精明又滑得像油一样的油商，成为我属下一个公司积极勤奋的董事。

傲慢通常会让人垮台。斯科特和波茨自以为出身高贵，一直目空一切，所以成功驯服这些傲慢的倔驴之后，我的心都在跳舞。

约翰，我喜欢胜利，但我不喜欢为追求胜利而不择手段。不计代价获得的胜利不是胜利，丑恶的竞争手段让人厌恶，那等于画地为牢，可能以后永远无法解脱。即使赢得一场胜利，也可能失去以后再获胜的机会。而循规蹈矩不表示必须降低追求胜利的决心，而是表示用合乎道德的方式去赢得明确的胜利，也表示在这种限制下，全力、无情地追求胜利。我希望你能做到这一点。

爱你的父亲

第12封信
天下没有免费的午餐

> 任何一个人一旦养成习惯,不管是好或坏,习惯就一直占有了他。吃免费午餐的习惯不会使一个人步向坦途,只能使他失去赢的机会。而勤奋工作却是唯一可靠的出路,工作是我们享受成功所付出的代价,财富与幸福要靠努力工作才能得到。

亲爱的约翰:

  我已经注意到那条指责我吝啬、说我捐款不够多的新闻了,这没什么。我被那些不明就里的记者骂得够多了,我已经习惯了他们的无知与苛刻。我回应他们的方式只有一个:保持沉默、不加辩解,无论他们如何口诛笔伐。因为我清楚自己的想法,我坚信自己站在正确的一方。

每个人都需要走自己的路,重要的是问心无愧。有一个故事或许能够解释,为什么我很少去理会那些乞求我出钱来解决他们个人问题的人,更能解释让我出钱比让我赚钱更令我紧张的原因。

有一天,一个老人赶着一头拖着两轮车的驴子,车上拉着许多木材和粮食,走进了一个野猪出没的村庄。当地居民很好奇,就走向前问那个老人:"你从哪里来,要干什么去呀?"老人告诉他们:"我来帮助你们抓野猪啊!"众乡民一听就嘲笑他说:"别逗了,连优秀的猎人都做不到的事,你怎么可能做到。"但是,两个月以后,老人回来告诉那个村子的村民,野猪已被他关在山顶上的围栏里了。

村民们感到非常惊讶,追问那个老人:"是吗?真不可思议,你是怎么抓住它们的?"

老人解释说:"首先,就是找到野猪经常出来吃东西的地方,然后我就在空地上放一些粮食作为陷阱的诱饵。那些野猪起初吓了一跳,最后还是好奇地跑过来,闻粮食的味道。很快一头老野猪吃了第一口,其他野猪也跟着吃起来。这时我知道,我肯定能抓到它们了。

"第二天,我又多加了一点儿粮食,并在几尺远的地方竖起一块木板。那块木板像幽灵般暂时吓退了它们,但是那免费的

——第12封信
天下没有免费的午餐

午餐很有诱惑力,所以不久它们又跑回来继续大吃起来。当时野猪并不知道它们已经是我的了。此后我要做的只是每天在粮食周围多竖起几块木板,直到我的陷阱完成为止。

"然后,我挖了一个坑立起了第一根桩。每次我加进一些东西,它们就会远离一些时间,但最后都会进来吃免费的午餐。围栏造好了,陷阱的门也准备好了,而不劳而获的习惯使它们毫无顾虑地走进围栏。这时我就出其不意地收起陷阱,那些白吃午餐的野猪就被我轻而易举地抓到了。"

这个故事的寓意很简单,一只动物要靠人类供给食物时,它的机智就会被取走,接着它就麻烦了。同样的情形也适用于人类,如果你想使一个人残废,只要给他一对拐杖再等上几个月就能达到目的。换句话说,如果在一定时间内你给一个人免费的午餐,他就会养成不劳而获的习惯。别忘了,每个人在娘胎里就开始有被"照顾"的需求了。

是的,我一直鼓励你要帮助别人,但是就像我经常告诉你的那样,如果你给一个人一条鱼,你只能供养他一天,但如果你教他捕鱼的本领,就等于供养他一生。这个关于捕鱼的老话很有意义。

在我看来,资助金钱是一种错误的帮助,它会使一个人失去节俭、勤奋的动力,而变得懒惰、不思进取、没有责任感。

更为重要的是，当你施舍给一个人时，你就否定了他的尊严，你否定了他的尊严，就夺走了他的命运，这在我看来是极不道德的。作为富人，我有责任成为造福于人类的使者，却不能成为制造懒汉的始作俑者。

任何一个人一旦养成习惯，不管是好或坏，习惯就一直占有了他。吃免费午餐的习惯不会使一个人步向坦途，只能使他失去赢的机会。而勤奋工作却是唯一可靠的出路，工作是我们享受成功所付出的代价，财富与幸福要靠努力工作才能得到。

在很久很久以前，一位聪明的老国王想编写一本智慧录，以飨后世子孙。一天，老国王将他聪明的臣子召集来，说："没有智慧的头脑，就像没有蜡烛的灯笼，我要你们编写一本各个时代的智慧录，去照亮子孙的前程。"

这些聪明人领命离去后，工作了很长一段时间，最后完成了一本十二卷的皇皇巨著，并骄傲地宣称："陛下，这是各个时代的智慧录。"

老国王看了看，说："各位先生，我确信这是各个时代的智慧结晶。但是，它太厚了，我担心阅读它的人们得不到要领。把它浓缩一下吧！"这些聪明人费去很多时间，几经删减后，把原书删减成了一卷。但是，老国王还是认为太多了，又命令他们再次浓缩。

第 12 封信
天下没有免费的午餐

  这些聪明人把一本书浓缩成一章,然后减至一页,再变为一段,最后则变成一句话。聪明的老国王看到这句话时,显得很得意。"各位先生,"他说,"这真是各个时代的智慧结晶,而且各地的人一旦知道这个真理,我们大部分的问题就可以解决了。"这句话就是——天下没有免费的午餐。

  智慧之书的第一章,也是最后一章,是"天下没有免费的午餐"。如果人们知道要想出人头地,就必须以努力工作为代价,大部分人就会有所成就,同时也将使这个世界变得更美好。而吃免费午餐的人,迟早会连本带利付出更为惨痛的代价。

  一个人活着,必须在自身与外界创造足以使生命和死亡有点儿尊严的东西。

爱你的父亲

第13封信
隐瞒你的聪明

> 装傻带给你的好处有很多很多。装傻的含义，是放低姿态，变得谦虚，换句话说，就是瞒住你的聪明。越是聪明的人越有装傻的必要，因为就像那句格言所说的——越是成熟的稻子，越垂下稻穗。

亲爱的约翰：

明天，我要回老家克利夫兰处理一些我们家族内部的事情。我希望在此期间，你能代我打理一些事务。

但我提醒你，如果你遇到某些棘手或自己拿不定主意的事情，你要多向盖兹先生请教和咨询。

盖兹先生是我最得力的助手，他忠实真诚、直言不讳、尽

——第13封信
隐瞒你的聪明

职尽责,而且精明干练,总能帮我作出明智的抉择,我非常信任他,我相信他一定会对你大有帮助,前提是你要尊重他。

儿子,我知道你是布朗大学的优秀毕业生,你在经济学与社会学方面的成绩算得上优秀。但是,你应该清楚,知识原本是空的,除非把知识付诸行动,否则什么事都不会发生。而且,教科书上的知识,几乎都是那些皓首穷经的知识匠人在象牙塔里编撰出来的,它难以帮你解决实际问题。

我希望你能摆脱对知识、学问的依赖心理,这是你走上人生坦途的关键。

你需要知道,学问本身并不代表能力。你需要将你所具备的学问巧妙地运用到实践当中,才能发挥学问的作用。要成为能够活用学问的人,你必须首先成为具有实践能力的人。

那么实践能力从哪里来呢?在我看来它就潜藏在吃苦的过程中。我的经验告诉我,走过艰难之路——布满艰辛、不幸、困难和失败的道路,不仅会铸就我们坚强的性格,我们赖以成就大事的实践能力也将从中得到锻炼。在苦难中向上攀爬的人,知道什么叫千方百计地去寻找方法、手段,让自己得救。处心积虑地去吃苦,是我笃信的成功信条之一。

也许你会讥讽我,认为没有什么想法比吃苦更傻的了。不!一个人没有吃苦的经历,将不知收获的不易。很多事情都是来得快去得也快，那些实现了一夜成名、一夜暴富梦想的人们，有谁不是很快就销声匿迹了？吃苦所得到的，是将你的事业大厦建立在坚实的地面上，而不是流沙里。人要有远见，只有长时间的吃苦，才有可能得到长时间的收获。

我相信你已经发现了，自从你到我身边工作以来，我并没有让你去承受重担。但这并不表明我怀疑你的能力，我只是希望你善于做小事而已。

做好小事是做成大事的基石，如果你从一开始就高高在上，就无法体贴部属的心情，也就不能真正地识人用人。在这个世界上要活下去、要创造成就，你必须借助于人力，即别人的力量，但你必须从做小事开始，才会了解当部属的心情，等你有一天走上更高的职位，你就知道如何让他们贡献出全部的工作热情了。

儿子，世界上只有两种聪明人：一种是活用自己的聪明人，例如艺术家、学者、演员；另一种是活用别人的聪明人，例如经营者、领导者。后一种人需要一种特殊的能力——抓住人心的能力。但很多领导者都是聪明的傻瓜，他们以为要抓住人心，就得依据由上而下的指挥方式。

在我看来，这非但不能提高领导力，反而会使其领导力大打折扣。要知道，每个人对自己受到轻视都非常敏感，被看矮

——第13封信
隐瞒你的聪明

一截会丧失热情。这样的领导者只会使部属无能化。

善于领导带动别人的经营者、领导者或大有作为的人,一向宽宏大量,他们懂得高看别人和赞美他人的艺术。这意味着他们要有感情的付出,而付出深厚感情的领导者最终更可能赢得胜利,并获得部属更多敬重。

没有知识的人终无大用,但有知识的人很可能成为知识的奴隶。每个人都需要知道,一切的知识都会转化成先入为主的观念,结果是形成一边倒的保守心理,认为"我懂""我了解""社会本来就是这样"。有了"懂"的感觉,就会缺乏想要知道的兴趣,没兴趣就将丧失前进的动力,等待他的也只剩下百无聊赖了。这就是"不懂"却成功的道理。

但是,受自尊心、荣誉感的支配,很多有知识的人对"不懂"总是难以启齿,好像向别人请教,表示自己不懂,是见不得人的事,甚至把"不懂"当罪恶。这是自作聪明,这种人永远都不会理解那句伟大的格言——每一次说不懂的机会,都会成为我们人生的转折点。

自作聪明的人是傻瓜,懂得装傻的人才是真聪明。如果把聪明视为可以捞到好处的标准,那我显然不是一个傻瓜。

直到今天我都能清晰记得一次装傻的情景,当时我正为如何筹借到15000美元大伤脑筋,走在大街上我都在苦苦思索这个问题。说来有意思，正当我满脑子闪动着借钱、借钱的念头时，有位银行家拦住了我的去路，他在马车上低声问我："你想不想借用50000美元，洛克菲勒先生？"我交了好运吗？我有点儿不相信自己的耳朵。但在那一瞬间我没有表现出丝毫的急切，我看了看对方的脸，慢条斯理地告诉他："是这样……你能给我24小时考虑一下吗？"结果，我以最有利于我的条件与他达成了借款合同。

装傻带给你的好处有很多很多。装傻的含义，是摆低姿态，变得谦虚，换句话说，就是瞒住你的聪明。

越是聪明的人越有装傻的必要，因为就像那句格言所说的——越是成熟的稻子，越垂下稻穗。

儿子，有了爱好，然后才能做到轻巧。现在，就开始热爱装傻吧！

我料想得到，在我离开的日子里，让你独当一面对你而言绝非易事，但这没有什么。"让我等等再说"，是我在经商中始终奉行的格言。

我做事总有一个习惯，在做决定之前，我总会冷静地思考、判断，但我一旦作出决定，就将义无反顾地执行到底。我相信你也能行。

爱你的父亲

第 14 封信
财富是勤奋的副产品

> 财富是意外之物，是勤奋工作的副产品。每个目标的达成都来自勤奋的思考与勤奋的行动，实现财富梦想也是如此。

亲爱的约翰：

很高兴收到你的来信。在你的信中有两句话让我非常欣赏，一句是"你要不是赢家，你就是在自暴自弃"，一句是"勤奋出贵族"。这两句话是我不折不扣的人生座右铭，如果骄傲一点儿的话，我愿意说，这两句话正是我人生的缩影。

那些不怀好意的报纸，在谈到我创造的巨额财富时，常把我比作一台很有天赋的赚钱机器,其实他们对我几乎一无所知,更缺乏历史洞见的才能。

作为移民,满怀憧憬和勤奋努力是我们的天性。而我尚在孩童时期,母亲就将节俭、自立、勤奋、守信和不懈的创业精神等美德植入了我的骨髓。我真诚地笃信这些美德,将其视为伟大的成功信条,直到今天,在我的血液中依然流淌着这些伟大的信念。而所有的这一切结成了我向上攀爬的阶梯,将我送上了财富之巅。

当然,那场改变美国人民命运与生活的战争,让我获益匪浅,真诚地说,它将我造就成了令商界啧啧称奇而又望而生畏的商业巨人。是的,南北战争给我带来了前所未有的巨大商机,它让我提前变成了富人。有利的资本支持,让我在战后抢夺机会的竞技场上占据绝对优势,以致后来才能财源不断。

但是,机会如同时间一样,对每个人都是平等的。可为什么偏偏我能抓住机会成为巨富,而很多人却与机会擦肩而过、不得不与贫困为伍呢?难道真的像诋毁我的人所说,是因为我贪得无厌吗?

不!是勤奋!机会只留给勤奋的人!自我年少时,我就笃信一条成功法则:财富是意外之物,是勤奋工作的副产品。每个目标的达成都来自勤奋的思考与行动,实现财富梦想也是

——第14封信
财富是勤奋的副产品

如此。

我极为推崇"勤奋出贵族"这句话，它是让我永远充满敬意的箴言。无论是过去还是现在，无论是在我们立足的北美还是在遥远的东方，那些享有地位、尊严、荣耀和财富的贵族，都有一颗永不停息的心，都有一双坚强有力的臂膀，在他们身上都凸显出顽强意志的光芒。而正是这样的品质或者说是财富，让他们成就了事业，赢得了尊重，成为顶天立地的人物。

约翰，在这个无限变幻的世界中，没有永远的贵族，也没有永远的穷人。就像你所知道的那样，在我小的时候，我穿的是破衣烂衫，家境贫寒到要靠好心人来接济。但今天我已拥有一个庞大的财富帝国，已将巨额财富注入慈善事业之中。如同万物盛衰起伏变幻，如同沧海桑田，生生不息。出身卑贱和家境贫寒的人，通过自己的勤奋工作、执着追求智慧，同样能功成名就、出人头地，成为一个新贵族。

一切成功和荣誉都必须靠自己的创造去获取，这样的成功和荣誉才能永葆活力。但在我们今天这个社会，富家子弟正处在一种不进则退的情况之下。不幸的是，他们中的大多数都缺乏进取精神，它们好逸恶劳，挥霍无度，以至有很多人虽在富裕的环境中长大，却不得不在贫困中死去。

所以，你要教导你的孩子，要想在与人生风浪的博击中完善自己,成就自己,享受成功的喜悦,赢得社会的尊敬,高歌人生,只能凭自己的双手去创造;要让他们知道,荣誉的桂冠只会戴在那些勇于探索者的头上;告诉他们,勤奋是为了自己,不是为了别人,他们自己是勤奋的最大受益者。

我自孩提时代就坚信,没有辛勤的耕耘就不会有丰硕的收获,作为贫民之子,除去靠勤奋获得成功、赢得财富与尊严之外,别无他法。上学时,我不是一个一教就会的学生,但我不甘人后,所以我只能勤恳地准备功课,并持之以恒。在我10岁时,我就知道要尽我所能地多干活,砍柴、挤奶、打水、耕种,我什么都干,而且从不惜力。正是农村艰苦而辛劳的岁月,磨炼了我的意志,使我能够承受日后创业的艰辛,也让我变得更加坚忍不拔,并塑造了我坚强的自信心。

我知道,尽管在以后身陷逆境,但我总能泰然处之,包括我的成功,在很大程度上都得益于我从小建立的自信心以及勤奋踏实的品质。

勤奋能修炼人的品质,更能培养人的能力。我受雇于休伊特－塔特尔公司时,我就获得了具备非同一般的能力和出众的年轻记账员的名声。在那段日子里,我可谓是日夜辛劳、孜孜不倦。当时我的雇主就对我说,你一定会成功,因为你有非凡的毅力。尽管我不明白将来会是什么样子,但有一点我相信,

第14封信
财富是勤奋的副产品

只要我用心去干一件事，我决不会失败。

今天，尽管我已年近70岁，但我依然搏杀于商海之中，因为我知道，结束生命最快捷的方式就是什么也不做。人人都有权力选择把退休当作开始或结束，那种无所事事的生活态度会使人中毒。我始终将退休视为再次出发，我一天也没有停止过奋斗，因为我知道生命的真谛。

约翰，我今天的显赫地位和巨额财富不过是我付出比常人多得多的劳动和创造换来的。我原本是普普通通的常人，原本没有头上的桂冠，但我以坚强的毅力、顽强的耕耘和孜孜以求，终于功成名就。我的名誉不是虚名，是血汗浇铸的王冠，些许浅薄的嫉恨和无知，都是对我的不公平。

我们的财富是对我们勤奋的嘉奖。让我们坚定信念，认定目标，凭着对上帝的信心，继续努力吧，我的儿子。

爱你的父亲

第15封信
只为成功找方法,不为失败找借口

> 一个失败者一旦找出一种"好"的借口,他就会抓住不放,然后总是拿这个借口对他自己和别人解释:为什么我无法再做下去,为什么我无法成功。起初,他还能自知他的借口多少是在撒谎,但是在不断重复使用后,他就会越来越相信那完全是真的,相信这个借口就是他无法成功的真正原因,结果他的大脑就开始怠惰、僵化,让想方设法要赢的动力化为乌有,但他们从不愿意承认自己是个爱找借口的人。

亲爱的约翰:

斯科菲尔德船长又输了,失利让他有些气急败坏,一怒之下他把自己那根漂亮的高尔夫球杆扔上了天,结果他只得再买一个新球杆了。

坦率地说,我比较喜欢船长的性格,人生奋斗的目标就是求胜,打球也是一样。所以,我准备买个新球杆送给他,但愿他不会认为这是对他发脾气的奖赏，否则他要一发不可收拾的话，那我可就惨了。

斯科菲尔德船长还有一个令人称道的优点，尽管输球会令他不高兴，但他认为赢本身并不代表一切，而努力去赢的做法才是最重要的。所以在输球之后，他从不找借口。事实上，他可以以年龄太大、体力欠佳来作为输球的理由，为自己讨回颜面，但他从来不这样做。

在我看来借口是一种思想病，而染有这种严重病症的人，无一例外的都是失败者，当然一般人也有一些轻微的症状。但是，一个人越是成功，越不会找借口，事事亨通的人，与那些没有什么作为的人之间最大的差异，就在于借口。

只要稍加留意你就会发现，那些没有任何作为，也不曾打算创造一番作为的人，经常会有一大堆的借口来解释：为什么我没有做到，为什么我不做，为什么我不能做，为什么我不是那样的。失败者为自己料理"后事"的第一个举动，就是为自己的失败找出各种理由。

我鄙视那些爱找借口的人，因为那是懦弱者的行为，我也同情那些爱找借口的人，因为借口是制造失败的病源。

一个失败者一旦找出一种"好"的借口，他就会抓住不放，然后总是拿这个借口对他自己和别人解释：为什么我无法再做下去，为什么我无法成功。起初，他还能自知他的借口多少是在撒谎，但是在不断重复使用后，他就会越来越相信那完全是真的，相信这个借口就是他无法成功的真正原因，结果他的大脑就开始怠惰、僵化，让努力想方设法要赢的动力化为乌有，但他们从不愿意承认自己是个爱找借口的人。

偶尔，我见过有人站起来说："我是靠自己的努力得到成功的。"到目前为止，我还未见过任何男人或女人，敢于站起来说："我是使自己失败的人。"失败者都有一套失败者的借口，他们将失败归咎于家庭、性格、年龄、环境、时间、肤色、信仰、某个人乃至星象，而最坏的借口莫过于健康、才智以及运气。

最常见的借口，就是健康的借口，一句"我的身体不好"或"我有这样那样的病痛"，就成了不去做或失败的理由。事实上，没有一个人是完全健康的，每个人多少都会有健康问题。

很多人会完全或部分屈服于这种借口，但是一心要成功的人则不然。盖茨先生曾为我引荐过一位大学教授，他在一次旅行中不幸失去了一条手臂，但就像我所认识的每一个乐观者一样，他还是经常微笑，经常帮助别人。那天在谈及他的残障问题时，他告诉我说："那只是一条手臂而已，当然，两个总比一个好。但是切除的只是我的手臂，我的心灵还是百分之百的完整而且正常。我实在是要为此表示感谢。"

有一句老话说得好,"我一直在为自己的破鞋子懊恼,直到我遇见一位没有脚的人"。庆幸自己的健康比抱怨哪里不舒服要好得多。感谢自己拥有的健康,能有效地预防各种病痛。我经常提醒自己:累坏自己总比放着朽坏要好。生命是要我们来享受的,如果浪费光阴去担忧自己是否健康而真的想出病来,那才是真正的不幸。

"我不够聪明"的借口也很常见,几乎有95%的人都有这种毛病,只是程度不同而已。这种借口与众不同,它通常默不作声。人们不会公开承认自己缺少足够的聪明才智,多半是在自己内心深处这么想。

我发现大多数人对"才智"有两种基本错误的态度:太低估自己的脑力和太高估别人的脑力。因为这些错误,使许多人轻视自己。他们不愿面对挑战,因为那需要相当的才智。认为自己愚蠢的人才是真正的愚蠢,他们应该知道,如果有一个人根本不考虑才智的问题而勇于一试,就会发现自己完全可以胜任。

我认为真正重要的,不在于你有多少聪明才智,而是如何使用你已经拥有的聪明才智。要成为一个好的商人,不需要有闪电般的灵敏,不需要有非常惊人的记忆,也不需要在学校名列前茅，唯一的关键，就是对经商要有强烈的兴趣和热心。兴趣和热心是决定成败的重要因素。

事情的结果往往与我们的热心程度成正比，热心能使事情变好一百倍一千倍。很多人并不知道什么叫热心，所谓热心就是认为"这是很了不起的"，就是这种热情和干劲儿而已。

我相信才智平平的人，如果有乐观积极与合作的处世态度，将会比一个才智杰出却悲观消极并且不愿合作的人，赚得更多的金钱，赢得更多的尊敬，并获得更大的成功。一个人不论他面对的是烦琐的小事、艰巨的任务还是重要的计划，只要他执着热忱地去完成，成果会远胜于聪颖但是懒散的人，因为专注与执着占了一个人 95% 的能力。

有些人百思不得其解，为什么很多非常出色的人物会招致失败呢？我可以让他们得到清晰的答案，如果一个绝顶聪明的人总在用他惊人的脑力，去证明事情为什么无法成功，而不是用他的脑力引导自己去寻找迈向成功的各种方法，失败的命运就会找上他。消极的思想牵制着他们的智力，使他们无法施展身手以致一事无成。如果他们能改变心态，相信他们会做出许多伟大的事情。

想成大事却不懂得思考的大脑，也就是一桶廉价的糨糊而已。

第15封信
只为成功找方法,不为失败找借口

引导我们发挥聪明才智的思考方式,远比我们才智的高低重要。即使是学历再高也无法改变这项基本的成功法则。才智的好坏不在于教育程度的高低,而是在于思想管理。那些最优秀的商人从不杞人忧天,而是充满热忱。要改善天赋的素质绝非易事,但改善运用天赋的方法却很容易。

很多人都迷信所谓的知识就是力量,在我看来这句话只说对了一半。拿才智不足当借口的人,也是错解了这句话的意义。知识只是一种潜在的力量,只有将知识付诸建设性的应用,才会显出它的威力。

标准石油公司永远不会为"活字典"式的人物提供职位,因为我不需要只会记忆、不会思考的"专家"。我要的人是真正能够解决问题,能想出各种点子的人,是有梦想而且勇于实现梦想的人。有创意的人能为我赚钱,只能记忆资料的人则不能。

一个不以才智为借口的人,绝不低估自己的才智,也不高估别人的才智。他专注地运用自己的资产,发掘他拥有的优异才能。他知道真正重要的不在于才智的高低,而在于他如何使用现有才智的方法以及如何使用自己的脑力,他会常常提醒自己:我的心态比我的才智重要。

他强烈地渴望建立一种"我一定赢"的态度。他知道要运用自己的才智积极创造,用他的才智寻找成功的方法,而不是用来证明自己会失败。他还知道思考力比记忆力更有价值，他要用自己的头脑来创造、发展新观念，寻找更好的做事新方法，随时提醒自己反思：我是正在用我的心智创造历史呢，或只是在记录别人创造的历史？

每一件事的发生必定有其原因，人类的遭遇也不可能碰巧发生。所以，有很多人总会把自己的失败怪罪于运气太坏，看到别人成功时，就认为那是因为他们运气太好。我从不相信什么运气好坏，我只认为精心筹备的计划和行动叫"运气"。

如果由运气决定谁该做什么，每一种生意都会失败。假设标准石油公司要根据运气来彻底进行改组，就要将公司所有职员的名字放入一个大桶里，第一个被抽出的名字就是总裁，第二个是副总裁，就按这个顺序排列下去，显得很可笑吧？但这就是运气的功能。

我从不屈从运气，我相信因果定律。看看那些看似好运当头的人，你会发现并不是运气使然，而是准备、计划和积极的心态为他们带来好的气象。再看看那些"运气不好"的人，你会发现背后都有明确的因素。成功者能面对挫折，从失败中学习，再创契机；平庸者往往就此灰心丧志。

一个人不可能只靠运气成功，他必须付出努力的代价。我不妄想靠运气获得胜利等生命中的美好事物，所以我集中全力

——第 15 封信
只为成功找方法，不为失败找借口

去发展自我，修炼出使自己变成"赢家"的各种特质。

借口把绝大多数的人挡在了成功的大门之外，99%的失败都是因为人们惯于找寻借口，所以在追求事业成功的过程中，最重要的一个步骤就是防止自己找借口。

爱你的父亲

第16封信
成功的希望就在自己手中

> 从贫穷通往富裕的道路永远是畅通的，重要的是你要坚信——我就是我最大的资本。你要锻炼信念，不停地探究产生迟疑的原因，直到肯定取代了怀疑。你要知道，连你自己都不相信的事情，你是无法达成的，信念是带你前进的力量。

亲爱的约翰：

昨天，就在昨天，我收到一个立志要成为富翁的年轻人的来信。他在信中恳请我帮忙解答一个问题：他缺少资本，他该如何去创业致富？

他是想让我给他指明生命的方向。可是教诲他人似乎不是我的专长，而我又无法拒绝他的诚恳，这真令人痛苦。但我还

第 16 封信
成功的希望就在自己手中

是回信告诉他,你需要资本,但你更需要常识。常识比金钱更重要。

对于一个要去创业的贫寒子弟来说,他们常常因为资本匮乏而感到苦恼。如果他们再恐惧失败,他们就会表现得犹豫不决,以蜗牛般的速度缓慢行进,甚至止步于成功之路,而永无出头之日,所以我在给那个年轻人的回信中特别提醒他:"从贫穷通往富裕的道路永远是畅通的,重要的是你要坚信——我就是我最大的资本。你要锻炼信念,不停地探究产生迟疑的原因,直到肯定取代了怀疑。你要知道,连你自己都不相信的事情,你是无法达成的,信念是带你前进的力量。"

每一个渴望成功的人都应该认识到,成功的希望就隐藏在他自己身边。只要认识到这一点,他就能得到自己想要得到的东西。在信中我给那个年轻人讲了一个波斯人的故事,我相信这个故事定将惠泽于他,乃至所有的人。

这个故事也是我从他人那里听来的,讲述这个故事的人是这样说的。

从前有个波斯人,名叫阿尔·哈菲德,住在离印度河不远的地方。他拥有一大片兰花园,另外还有数百亩良田和繁盛的园林。他是个知足的人,而且十分富有——因为他很富有,所以他十分知足。有一天,一位老僧人来拜访他,坐在他的火炉边跟他说:"你富有,你的生活舒适而安逸。但是,你如果拥有满满一手钻石,你就可以买下整个国家的土地;要是你能拥有一座钻石矿的话,你就可以利用这笔巨富的影响力,把孩子送上王位。"

哈菲德听了老僧人这番极具诱惑力的话之后,当天晚上躺在床上的时候,他仿佛变成了一个穷人——不是因为他失去了一切,而是他开始变得不满足,所以他觉得自己很贫穷;也因为他认为自己很贫穷,所以得不到满足。"我要一座钻石矿"的想法在他的脑海里萦绕不断,以致整晚都辗转难眠。第二天一大早他就跑去找那位僧人。

老僧人一大早就被叫醒,非常不高兴。但哈菲德完全不顾及这些,他满不在乎地把老僧人从睡梦中摇醒,对他说:"你能告诉我什么地方可以找到钻石吗?"

"钻石?你要钻石做什么?"

"我想要拥有庞大的财富,"哈菲德说,"但我不知道哪里可以找到钻石。"

"哦,"老僧人明白了,他说,"你只要在山里面找到一条在白沙上穿流的河,就可以在沙子里找到钻石。"

"你真的认为有这样一条河吗?"

"多得很,多得很呐!你只要出去寻找,一定会找到。"

第 16 封信
成功的希望就在自己手中

"我会的。"哈菲德说。

于是,他卖掉农场,收回借款,把房子交给邻居看管,就出发寻找钻石去了。

哈菲德先去了月光山区寻找,而后到了巴勒斯坦,接着又跑到欧洲,最后他花光了身上所有的钱,变得一文不值。他如同乞丐般站在西班牙巴塞罗那海边,看到一道巨浪越过赫丘力士石柱汹涌而来,这个历经沧桑、痛苦万分的可怜虫,无法抵抗纵身一跳的诱惑,就随着浪峰跌入大海,终结了一生。

在哈菲德死后不久,他的财产继承人拉着骆驼去花园喝水,当骆驼把鼻子伸到花园里那清澈见底的溪水中时,那个继承人发现,在浅浅的溪底白沙中闪烁着奇异的光芒,他伸手下去,摸到一块黑石头,石头上面有一处闪亮的地方,发出了彩虹般的色彩。他将这块怪异的石头拿进屋子,放在壁炉的架子上,又继续去忙他的工作,完全忘记了这件事。

几天后,那个告诉哈菲德在哪里能找到钻石的老僧人来拜访哈菲德的继承人。他看到架子上的石头发出的光芒,立即奔过去,惊讶地叫道:"这是钻石!这是钻石!哈菲德回来了吗?"

"没有,他还没有回来,而且那也不是钻石,那不过是一块石头,是我在我家的后花园里发现的。"

"年轻人,你发财了!我认识钻石,这真的是钻石!"

于是,他们一起奔向花园,用手捧起溪底的白沙,发现许多比第一颗更漂亮、更有价值的钻石。

这就是人们发现印度戈尔康达钻石矿的经过。那是人类历史上最大的钻石矿,其价值远远超过南非的金佰利。英王皇冠上镶嵌的库伊努尔大钻石,以及那颗镶在俄皇王冠上的世界第一大钻石,都采自那座钻石矿。

约翰,每当我记起这个故事,我就不免为阿尔·哈菲德叹息,假如哈菲德能留在家乡,挖掘自己的田地和花园,而不是去异乡寻找,他也就不会沦为乞丐,不会贫困挨饿,以至跃入大海而亡。他本来就拥有遍地的钻石。

并非每一个故事都具有意义,但这个波斯人的故事却给我带来了宝贵的人生教诲:你的钻石不在遥远的高山与大海之间,如果你决心去挖掘,钻石就在你家后院。重要的是要坚定地相信自己。

每个人都有一定的理想,这种理想决定着他的努力方向和价值取向。从这种意义上来说,我以为,不相信自己的人就跟窃贼一样,因为任何一个不相信自己而且未充分发挥本身能力的人,可以说是向自己偷窃的人;而且在这个过程中,由于创造力低落,他也等于是从社会中偷窃。由于没有人会从自己那

第 16 封信
成功的希望就在自己手中

里故意偷窃,那些向自己偷窃的人,显然都是无意中偷窃了。然而这种罪状仍很严重,因为其所造成的损失,跟故意偷窃一样大。

只有戒除这种向自己偷窃的行为,我们才能爬向高峰。我希望那个渴望发财的年轻人,能思索出其中所蕴含的教诲。

爱你的父亲

第 17 封信
花时间让自己富裕起来

> 我之所以是我，都是我过去的信念创造出来的。坦率地说，自从我感觉到人世间贫穷和疾苦的那一刻起，我就萌发了一个信念：我应该是富翁，我没有权利当穷人。随着时间的推移，这个信念变得钢铁般坚硬。

亲爱的约翰：

有很多悲剧都是因为偏执和骄傲而引发的，制造贫穷的人也是一样。

许多年前，我在第五大道浸礼会教堂里，曾偶遇一个叫汉森的年轻人，一个在节衣缩食中悲惨度日的小花匠。也许汉森先生自以为坚守贫穷是一种美德，他摆出一副品格高尚的样

——第17封信
花时间让自己富裕起来

子对我说:"洛克菲勒先生,我觉得我有责任同你讨论一个问题——'金钱是万恶之源',这是《圣经》上说的。"

就在那一瞬间,我知道汉森先生为什么与财富无缘了,他是在对《圣经》的误解中获取人生教诲,但他却浑然不觉。

我不希望让这个可怜的年轻人在他心胸狭隘的沼泽中越陷越深,我告诉他:"年轻人,我从小就不断接受各种基督教格言的熏陶,并且以此作为自己的行为准则,我想你也是一样。但我的记忆力似乎要比你好一些,你忘了,在那句话的前边还有一个词语——喜爱,'喜爱金钱是万恶之源'。"

"你说什么?"汉森的嘴巴大张着,好像要吞下一条鲸鱼。真希望他赚钱的胃口能有那么大。

"是的,年轻人,"我拍拍他的肩头说,"《圣经》根源于人类的尊严与爱,是对宇宙最高心灵的敬重,你可以毫不畏惧地引用里面的话,并将生命托付给它。所以,当你直接引用《圣经》里的智慧时,你所引用的就是真理。'喜爱金钱是万恶之源。'哦,正是如此。喜爱金钱只是崇拜的手段,并不是目的。如果你没有手段,就无法达成目标,也就是说,你只知道当个守财奴,那么金钱就是万恶之源。"

"想想看,年轻人,"我提醒汉森,"如果你有了钱,你就可以惠及你的家人、朋友,给他们快乐、幸福的生活,甚至可以惠及社会，拯救那些孤苦无助的穷人。"

"年轻人，手里每多一分钱，就增加了一份决定未来命运的力量，去赚钱吧。"我劝导他，"你不该让那些偏执的观念锁住你有力的双手，你应该花时间让自己富裕起来，因为有了钱就有了力量。纽约充满了致富的机会，你应该致富，而且能够致富。记住，小伙子，你虽是尘世间的匆匆过客，却也要划出一道人生的光亮。"

我不知道汉森能否接受我的规劝，如果不能，我会为他感到遗憾，他看上去很结实，脑袋也不笨。

我一直以为，每个人都应该花时间让自己富裕起来。当然，有些东西确实比金钱更有价值。当我们看到一座落满秋叶的坟墓时，就不免感到一种难以言喻的悲伤，因为我知道有些东西的确比金钱崇高。尤其是那些受过苦难的人，他们更能深深地体会到，有些东西比黄金更甜蜜、更尊贵、更神圣。然而，有常识的人都知道，那些东西没有一样不是用金钱来大幅提升的。金钱不一定是万能的，但在我们这个世界，很多事情是离不开金钱的！

爱情是上帝赐予我们的最伟大礼物，但是，拥有很多金钱的情人能使爱情更加幸福，金钱就具有这样的力量！

一个人如果说"我不要金钱"，那就等于是在说"我不想为

——第17封信
花时间让自己富裕起来

家人、友人和同胞服务"。这种说法固然荒谬，但要断绝这两者的关系同样荒谬！

我相信金钱的力量，我主张人人都应该去赚钱。然而人们对上帝的教义有着强烈的误解，因为有些人认为，作为上帝贫穷的子民是无上的荣耀。我曾听过一个人在祈祷会上祷告说，他十分感谢自己是上帝的贫穷子民，我听后不禁心里暗想：这个人的太太要是听到她先生这么胡言乱语，不知会有何感想？她肯定会认为自己嫁错了人。

我不想再见到这种上帝的贫穷子民，我想上帝也不愿意！我可以说，如果某个原本应该很富有的人，却因为贫穷而懦弱无能，那他必然犯下了极端严重的错误——他不仅对自己不忠实、不忠诚，也亏待了他的家人！

我不能说，财富的多少可以用来当作衡量人生成功与否的标准，但几乎毫无例外的是，你可以利用财富的多少来衡量一个人对社会所做的贡献。你的收入愈多，你的贡献也愈大。一想到我已经使无数国民永远走向了富裕之路，我便感觉到自己拥有了伟大的人生。

我相信上帝是为他的子民——而不是撒旦之流——才铸出钻石。上帝所给我们的唯一告诫是：我们不能在有违上帝要求的情况下赚钱，或赚取别的东西，那样做只会让我们平添罪恶感。要获得金钱，大量的金钱，无可厚非，只要我们以正当的方法得来，而不是让金钱牵着我们的鼻子走。

某些人之所以没有钱，是因为他们不了解钱。他们认为钱既冷又硬，其实钱既不冷也不硬——它柔软而温暖，它会使我们感觉良好，而且在色泽上也能跟我们所穿的衣服相配。

我之所以是我，都是我过去的信念创造出来的。坦率地说，自从我感觉到人世间贫穷和疾苦的那一刻起，我就萌发了一个信念：我应该是富翁，我没有权利当穷人。随着时间的推移，这个信念变得钢铁般坚硬。

在我小的时候，正是拜金思想神圣化的时期，当时数以万计的淘金者怀揣着发财梦从各个地方蜂拥赶至加利福尼亚，尽管事后发现那场淘金热只是个圈套，但它却大大激发了数百万人的发财欲望，这其中就包括我——一个只有10多岁的孩子。

那时我的家境窘迫，时常要接受好心人伸出的援手。我的母亲是一个非常有自尊的人，她希望我能肩负起做长子的职责，建设好这个家庭。母亲的厚望与教诲，养成了我一种终身不变的责任感，我立下誓言：我不能沦为穷人，我要赚钱，我要用财富改变家人的命运！

在我少年时代的发财梦中，金钱对我而言不只是一种工具，它不仅能让家人过上富足无忧的生活，而且通过给予——明智地花出去——金钱更能换来道德上的尊严和社会地位，这些东西远比豪华、气派的住宅和漂亮的服饰更令我激动不已！

我对金钱的理解，坚定了我要赚钱、我要成为富人的信念，而这个信念又给予我无比的斗志去追逐财富。

我的儿子，没有比为了赚钱而赚钱的人更可怜、更可鄙的，我懂得赚钱之道：要让金钱当我的奴隶，而不是让自己沦为金钱的奴隶。我就是这样做的。

爱你的父亲

第 18 封信
第二名与最后一名没什么两样

> 很大程度上,人的境遇就像骑上一部脚踏车,你只能向上、向前朝着目标移动,否则你就会摇晃跌倒,永远不可能只停留在原地。

亲爱的约翰:

"没有野心的人不会成就大事。"这是我那位汽车大王朋友,亨利·福特先生,昨天来看我时向我吐露的成功秘密。

我非常钦佩这个来自密歇根的富豪,他是一个执着而又坚毅的家伙。他几乎与我有着同样的经历,做过农活儿,当过学徒,与人合伙开办过工厂,通过不懈奋斗最终让自己跻身于这

第18封信
第二名与最后一名没什么两样

个时代全美最富有者的行列。

在我看来，福特先生是一个新时代的缔造者，没有任何一个美国人能像他那样，完全改变了美国人的生活方式。看看大街上来往穿梭的汽车，你就知道我绝不是在恭维他，他使汽车由奢侈品变为了几乎人人都能买得起的必需品，而他创造的奇迹也使自己变成了亿万富翁。当然，他也让我的钱袋鼓起了很多。

人活着就得有目标或野心，否则，他就像一艘没有舵的船，永远漂流不定，只会到达失望、失败与丧气的海滩。福特先生的野心超过了他的身高，他要缔造一个人人都能享用汽车的世界。这似乎难以想象，但他成功了，他成了全球小汽车市场的主人，并为福特公司赚得了惊人的利润，用这个家伙的话说，"那不是在制造汽车，那简直是在印刷钞票"。我不难想象，既腰缠万贯，又享有"汽车大王"的盛誉，福特对此会是一种怎样的好心情。

福特创造的成就，证明了我的一个人生信条：财富与目标成正比。如果你胸怀大志、目标高远，你的财富之山就将直冲云霄；如果你只想得过且过，那你就只能沦为平庸之辈，以致一事无成，即使财富近在咫尺，你也只能获得一点点而已。在福特成功之前，有很多汽车制造商都比他有实力得多，但最后他们当中破产的大有人在。

　　人被创造出来是有目的的，一个人不是在计划成功，就是在计划失败。这是我一生的心得。

　　我似乎从不缺少野心，从我很小的时候开始，成为最富有的人，这个目标就一直是驱使我不断向前的抱负与梦想。对一个穷小子来说，这种梦想好像有些过大。但我认为目标必须伟大才行，因为想要有成就，必须有刺激，伟大的目标能使你发挥全部的力量，也才会有刺激。失去刺激，也就等于失去了一股强大的推动你向前的力量。不要作小计划，因为它不能激励心灵，我经常这样提醒自己。

　　当然，成就伟大的机会并不像湍急的尼亚加拉大瀑布那样倾泻而下，而是慢慢的，一次一滴。伟大与接近伟大之间的差异就是要领悟到，如果你期望伟大，你必须每天朝着目标努力。

　　但对于一个穷小子而言，如何才能将这个伟大的梦想变成触手可及的现实呢？难道去靠努力为别人工作来实现它吗？这是个愚蠢的主意。

　　我相信为自己勤奋工作会带来财富，但不相信努力为别人工作就一定成功。在我住进百万富翁大街前，我就发现在我身边，很多穷人都是工作最努力的人。现实就是如此残酷，不管雇员努力与否，替老板工作而变得富有的人少之又少。替老板

——第18封信
第二名与最后一名没什么两样

工作所得的薪金,只能在合理预期的情况下让雇员活下去,尽管雇员可能会赚到不少钱,但变得富有却很难。

我一直视"努力工作定会致富"为谎言,从不把为别人工作当作积累可观财富的上策,相反,我非常笃信为自己工作才能富有。我采取的一切行动都忠于我的伟大梦想和为实现这一梦想而不断达成的各个目标。

在我离开学校、寻找工作的时候,我就为自己设定了一个目标:要到一流的公司去,要成为一流的职员。因为一流的公司会给我一流的历练,塑造我一流的能力,让我增长一流的见识,还会让我赚到一笔丰厚的薪金——那是我开创未来事业的资本,而这一切无疑是我通往成功之路的最坚实的基石。

当然,在大公司做事,能让我以大公司的方式思考问题,这点很重要。所以,我仰慕大公司,我要去的是高知名度企业。

这注定要让我吃一些苦头。我先到了一家银行,很不走运,被拒绝了;我又去了一家铁路公司,结果仍是饮恨而归。当时的天气似乎有意要跟我作对,每天都酷热难耐——但我不顾一切,继续不停地寻找。那段日子,寻找工作成了我唯一的职业,每天早上8点,尽我所能地把自己打扮一番,然后离开住地开始新一轮的预约面试。一连几个星期,我把列入名单的公司跑了一遍,结果仍一无所获。

这看起来很糟，不是吗？但没人能阻止你前进的道路，阻碍你前进的最大敌人就是你自己，你是唯一能永久阻止下去的人。我告诫自己：如果你不想让别人偷走你的梦想，那你就在被挫折击倒后立即站起来。我没有沮丧、气馁，连续的挫折反而更坚定了我的决心。我接着从头开始，一家一家地跑，有几家公司甚至让我跑了两三次。

上帝毕竟没有将我抛弃，这场不屈不挠的求职之旅终于在六个星期后的一个下午结束了，1855年9月26日，我被休伊特－塔特尔公司雇用。

这一天似乎决定了我未来的一切。直到今天，每当我问起自己，要是没有得到那份工作会怎么样，我常常会浑身颤抖不停。因为我知道那份工作给我带来了什么，失去它我又将如何。所以，我一生都把9月26日当作"重生日"来庆祝，对这一天抱有的情感远胜过我的生日。

写到这儿，我自己都被自己感动了。

很大程度上，人的境遇就像骑上一部脚踏车，你只能向上、向前朝着目标移动，否则你就会摇晃跌倒，永远不可能只停留在原地。三年后我带着超越常人的能力与自信，离开了休伊特－塔特尔公司，与克拉克先生合伙创办克拉克－洛克菲勒公司，开始了为自己工作的历史。

第18封信
第二名与最后一名没什么两样

盲目地努力工作很可能在付出巨大艰辛之后仍一无所获，但是，如果把替老板努力工作视为铸就有朝一日为自己效劳的阶梯，那无疑就是创造财富的开始。给自己当老板的感觉真是棒极了，简直无法比拟。当然，我不能总沉浸在年仅18岁就跻身贸易代理商行列的得意之中，我告诫自己："你的前程就系于一天天过去的日子中，你的人生终点是全美首富，你距离那里还很远很远，你要继续为自己努力。"

做最富有的人，是我努力的依据和鞭策自己的力量。在过去的几十年中，我一直是追求卓越的信徒，我最常激励自己的一句话就是：对我来说，第二名跟最后一名没有什么两样。如果你理解了它，你就会认为，我以无可争辩的王者身份统治了石油工业也是在情理之中。

我们每一个人都生活在希望之中，但我更多是生活在目标的实现过程中。我的人生目标就是要成为第一，这也是我设法制定并努力遵守的人生规划，我所付出的所有努力和行动，都忠于我的人生目标与人生规则。

上帝赋予我们聪明的头脑和健硕的肌肉，不是让我们成为失败者，而是让我们成为伟大的赢家。20年前的今天，联邦法院解散了我们那个欢乐的大家庭，但每当想起我创造的成就，我就兴奋不已。

伟大的人生就是征服卓越的过程,我们必须向这个目标前进,不怕痛苦,态度坚决,准备在漫长的道路上跌倒。

爱你的父亲

第19封信

冒险才能利用机会

> 不管我们做什么,乃至人生的重要决定,我们都必须在冒险与谨慎之间作出选择。而有些时候,靠冒险获胜的机会要比谨慎大得多。

亲爱的约翰:

明天,也许等不到明天,就有一个人要过上富人的生活了。报上说他叫大卫·莫里斯,与美国独立战争时期的财政总监、费城商业王子罗伯特·莫里斯先生同姓。他刚刚在赌场上交上了好运,赢了一大堆钱。另外报上还说,他是一位赌场上的高手,同时登出了这位赌徒的一句人生格言——好奇才能发现机会，冒险才能利用机会。

你知道，我对嗜赌的人一向不以为然，但对这位先生却不能不刮目相看，我甚至相信，以他这等近乎哲学家般的智慧和头脑，如能投身商界，他或许会成为一个成功者——一个优秀的商界"赌徒"。

我做出如此带有欣赏性的假设，并不是说优秀的"赌徒"就会成为优秀的商人，事实上，我厌恶那些把商场视为赌场的人。但我不拒绝冒险精神，因为我懂得一个法则：风险越高，收益越大。而驰骋商海，对每一个人来说，那就是生活提供给他的最伟大的历险活动。

我的人生轨迹就是一趟丰富的冒险旅程，如果让我找出哪一次冒险对我最具有意义、最关乎我的未来，那莫过于进军石油工业了。

在投资石油工业之前，我们的本行——农产品代销，也同样做得有声有色，如果继续做下去，我完全有望成为大中间商。但这一切让那位安德鲁斯先生打破了，他是照明方面的专家，他告诉我："约翰，煤油燃烧时发出的光亮比任何照明油都亮，它必将取代其他的照明油。想想吧，约翰，那将是多么大的市场，如果我们的双脚能踩进去，那将是怎样的一个情景啊！"

我拥有的东西越多，力量就越大。机会来了，放走它不仅

——第19封信
冒险才能利用机会

仅是金钱的损失,更是在削弱你在致富竞技场上的力量。我告诉安德鲁斯:"我干!"我们投资4000美元,对我们来说那可是一笔大钱,我们做起了炼油生意。既然钱已经投下去了,我就不去考虑失败,尽管那个时候石油在造就许多百万富翁的同时,也在使更多人沦为穷光蛋。

我一头扎进炼油业,苦心经营。不到一年时间,炼油工作为我们赢得了超过农产品的利润,成为公司第一大生意。在那一刻我意识到,是胆量,是冒险精神,为我开通了一条新的生财之道。

当时没有哪一个行业能像石油业那样能一夜暴富,这样的前景大大刺激了我赚大钱的欲望,更让我看到了盼望已久、可以让我大展抱负的机会。我告诫自己:"你一定要紧紧抓住它,它可以把你带到梦想之境。"

但我随后大举扩张石油业的经营战略,令我的合伙人克拉克先生大为恼怒。克拉克是一个无知、自负、软弱、缺乏胆略的人,他害怕失败,主张采取谨慎的经营策略,这与我的经营观念完全背离。在我眼里,金钱像粪土一样,如果你把它散出去,就可以做很多事,但如果你要把它藏起来,它就会臭不可闻。克拉克不是一个好商人,他不知道金钱的真正价值。

当我们对重要的事情产生巨大分歧时,我们的合作也就走到了尽头。克拉克已经成了我成功路上的绊脚石，我必须踢开他——和他分手。这是一个重要时刻。

想获胜必须了解冒险的价值，而且必须有自己创造运气的远见。对我来说，与克拉克先生分手无疑是一场冒险，在我决定放开一切大举进入石油业之前，我必须确信石油不会消失。在那个时候，很多人都认为石油是一朵盛开的昙花，难以持久。我当然希望油源不会枯竭，可一旦没有了油源，那些投资将一文不值，我的下场可能连赌场上的赌徒都不如。但我收到的信息让我乐观，油源不会消失。是时候说分手了。

在向克拉克先生摊牌前，我先私下把安德鲁斯先生拉了过来，我跟他说："我们要走运了，有一笔大钱在等着我们，那可是一笔大钱呐。我要终止与克拉克先生的合作，如果我买下他们的股份，你愿意和我一起干吗？"安德鲁斯没有让我失望。几天后，我又拉到几家支持我的银行并结成联盟。

那年二月，在经过一系列准备之后，我向克拉克先生正式提出分手，尽管他很不情愿，但我去意已决。最后，我们大家商定把公司拍卖给出价最高的买主。

直到今天，一想起那次拍卖现场的情景，就让我激动不已，那让人惊心动魄，全神贯注。那是一场豪赌，我押上去的是金钱，赌出来的却是人生。

第19封信
冒险才能利用机会

公司从500美元开拍，但很快就攀升到几千元，而后又慢慢爬到五万美元，这个价格已经超出了我对炼油厂的预估价值。但竞拍价格一直在上涨，开始突破六万美元，接着飙升到七万美元。这时我开始恐惧，我担心自己是否能买下这个公司——一个由我亲手缔造的企业——是否出得起那么多钱。但我很快镇静下来，我闪电般地告诫自己："不要畏惧，既然下了决心，就要勇往直前！"竞争对手报价7.2万美元，我毫不迟疑，报价7.25万美元。这时，克拉克先生站起来，大喊："我不再加了，约翰，它归你了！"

亲爱的约翰，那是决定我一生的时刻，它对我有着超乎寻常的意义。

当然，与克拉克先生的分手让我付出了高昂的代价，我把代理公司的一半股份和7.25万美元都给了克拉克，但我赢得的却是自由和光辉的未来。我成了自己的主人、自己的雇主，从此不再担心那些目光短浅的平庸之辈挡我的路。

在我21岁时，我就拥有了克利夫兰最大的炼油厂，已经跻身于世界大型炼油商之列，今天想来，这个每天能吃掉500桶原油的家伙，是我走向石油霸主之路、征服石油王国的利器。感谢那场竞拍，它是我获得成功人生的开始。

几乎可以确定，安全第一不能让我们致富，要想获得回报，总是要接受随之而来的必要的风险。人生又何尝不是这样呢。

你无法做到永远维持现状，不进则退，事情就是这么简单。我相信，谨慎并不是完美的成功之道。不管我们做什么，乃至人生的重要决定，我们都必须在冒险与谨慎之间作出选择。而有些时候，靠冒险获胜的机会要比谨慎大得多。

商人都是利润与财富的追逐者，要靠创造资源和取得他人的资源，甚至逼迫他人让出资源来使自己富有，所以，冒险是商人征战商场不可或缺的手段。

如果你想知道既冒险而又不招致失败的技巧，你只需要记住一句话：大胆筹划，小心实施。

爱你的父亲

第20封信
侮辱有时可以催人奋进

> 我知道任何轻微的侮辱都可能伤及尊严。但是,尊严不是天赐的,也不是别人给的,是你自己缔造的。

亲爱的约翰:

你与摩根先生谈判时的表现,令我和你的母亲感到惊喜,我们没有想到你竟然有勇气同那个盛气凌人的华尔街最大的"钱袋子"对抗。你当时的表现相当出色,应对沉稳,言词得体而不失教养,最令人感到惊喜的是你彻底控制住了对手。感谢上帝,能让我们拥有你这样出色的孩子。

在来信中你告诉我说，摩根先生待你粗鲁无礼，是在有意侮辱你，我想你是对的。事实上，他是想报复我，把恶意攻击施加在你身上，是想让你代我受辱。

正如你知道的，此次摩根提出与我结盟的动机，是担心我会对他构成威胁。我相信他并不情愿与我合作，因为他知道我和他是跑在两条路上的马车，彼此谁都不喜欢谁。我一见到他那副趾高气扬、傲慢无理的样子就感到恶心。我想他一见到我，肯定也是同样的感受。

但必须承认一点，摩根是一位商界奇才，他知道我不把华尔街放在眼里，更不惧怕他对我的威胁，所以他要实现他的野心——统治美国钢铁行业，就必须与我合作，否则，等待他的就将是一场你死我活的竞争。

善于思考和善于行动的人，都知道必须除去人性中的傲慢与偏见，都知道永远不能让自己的个人偏见妨碍自己的成功，摩根先生就是这样的人。所以，尽管摩根先生不想同我打交道，但他还是向我提出建议，是否可以在标准石油公司总裁办公室与他会面。

在谈判中能坚持到最后一刻的人一定会捞到好处，所以我告诉摩根："我已经退休了，如果你愿意，我很乐意在家中恭候你。"他果真来了，这对他而言显然是有些屈尊。但他做梦都不

——第20封信
侮辱有时可以催人奋进

会想到,当他提出具体问题时我会说:"很抱歉,摩根先生,我退休了,我想我的儿子约翰会很高兴同你谈那笔交易。"

即便是傻瓜也看得出来,这对摩根是一种轻蔑,但他很克制。他告诉我,希望你能去他在华尔街的办公室进行会谈,我答应了。

对他人的报复,就是对自己的攻击。摩根先生似乎不懂得这个道理,为了一解心头之恨,对你实施报复,结果反倒让你给控制住了。但不管怎么说,尽管摩根先生对我公然地侮辱他耿耿于怀,但他始终将眼睛盯在要达成的目标上,对此我颇为欣赏。

我的儿子,我们生长在追求尊严的社会,我知道对于一个热爱尊严的人来说,蒙受侮辱意味着什么。但在很多时候,不管你是谁,即使是美利坚合众国的总统都无力阻止来自他人的侮辱。

那么,我们该怎么办呢?是在盛怒中反击,捍卫尊严呢?还是宽容相待,一笑而过呢?还是用其他什么方式来回应呢?

你或许还记得,我一直珍藏着一张中学同学的多人合照。那里面没有我,有的只是出身富裕家庭的孩子。几十年过去了,我依然珍藏着它,更珍藏了拍摄那张照片的情景。

那是一天下午,天气不错,老师告诉我们说,有一位摄影师跑来要求拍学生上课时的情景照。我是照过相的，但很少，对一个穷苦家的孩子来说，照相是种奢侈品。摄影师刚一出现，我便想象着要被摄入镜头的情景，多点微笑、更加自然，让效果看上去帅一点儿，甚至开始想象如同报告喜讯一样回家告诉母亲："妈妈，我照相了！是摄影师拍的，棒极了！"

我用一双兴奋的眼睛注视着那位弯腰取景的摄影师，希望他早点把我拉进镜头里。但我失望了，那个摄影师好像是个唯美主义者，他直起身，用手指着我，对我的老师说："你能让那位学生离开他的座位吗？他的穿戴实在是太寒酸了。"我是个弱小并且听命于老师的学生，我无力抗争，我只能默默地站起身，为那些穿戴整齐的富家子弟制造美景。

在那一瞬间我感觉我的脸在发热，但我没有动怒，也没有自哀自怜，更没有抱怨我的父母为什么不让我穿得体面些，事实上他们已经竭尽全力地让我有机会接受良好的教育。看着在那位摄影师调动下的拍摄场面，我在心底攥紧了双拳，我向自己郑重发誓：总有一天，我会成为世界上最富有的人！让摄影师给我照相算得了什么！让世界上最著名的画家给我画像才是我的骄傲！

我的儿子，我那时的誓言已经变成了现实！在我眼里，侮辱一词的词义已经转换，它不再是剥掉我尊严的利刃，而是一

第20封信
侮辱有时可以催人奋进

股强大的动力，势如排山倒海，催我奋进，驱使我去追求一切美好的东西。如果说那个摄影师把一个穷孩子激励成了世界上最富有的人，似乎并不过分。

每个人都有享受掌声与喝彩的时候，那或者是在肯定我们的成就，或者是在肯定我们的品质、人格与道德；也有遭受攻击和侮辱的时候，除去恶意，我想我们之所以会遭受侮辱，是因为我们的能力欠佳，这种能力可能与做人有关，也可能与做事有关。所以，我想说，蒙受侮辱不是件坏事，如果你是一个知道冷静反思的人，或许就会认为对待侮辱的不同态度或采取的行动，也可以体现人的能力高低。

我知道任何轻微的侮辱都可能伤及尊严。但是，尊严不是天赐的，也不是别人给的，是你自己缔造的。尊严是你自己享用的精神产品，每个人的尊严都只属于他自己，你自己认为自己有尊严，你就有尊严。所以，如果有人伤害你的感情、你的尊严，你要不为所动。如果你死守你的尊严，就没有人能伤害你。

我的儿子，你与你自己的关系是所有关系的开始，当你相信自己，并与自己和谐一致，你就是自己最忠实的伴侣。也只有如此，你才能做到宠辱不惊。

爱你的父亲

第 21 封信
明白交易中的价值与价格

> 交易的真谛是交换价值，用别人想要的东西来换取你想要的东西。
>
> 要完成一笔好交易，最好的方法是强调其价值。而很多人会犯强调价格而非价值的错误，常说什么"这的确很便宜，再也找不到这么低的价格了"。不错，没有谁愿意出高价，但在最低价之外，人们更希望得到最高的价值。

亲爱的约翰：

今晚我会晤了调解人亨利·弗里克先生，我告诉他："正如我的儿子告诉摩根先生的那样，我并不急于卖掉联合矿业公司。但又像你所猜测的那样，任何有价值的企业我都乐于接受并为之付出。但是，我坚决反对买主居高临下，定下企图将我们排斥在外的价格，我宁可血战到底也不会做这样的生意。"我请弗

——第 21 封信
明白交易中的价值与价格

里克先生转告摩根先生，他想错了。

约翰，看来你还得同摩根先生继续打交道，尽管你讨厌那个家伙。在这里，我想给你一些建议，让那个不可一世的家伙知道，他那我行我素的态度即将招致的后果。

儿子，很多人都犯过同样一个错误，他们不知道自己到底是干什么的。其实，不论你从事哪一个行业，譬如经营石油、地产、做钢铁生意，还是做总裁、做雇员，都是在从事一个行业，那就是跟人打交道的行业。谈判更是如此，与你展开斗争的不是某桩生意，而是人！

所以，真实地了解自己、了解对手，是保证你在决战中取得大胜的前提。你需要知道，准备是游戏心理的一部分，你必须知己知彼。如果你要拥有实质性的优势，你必须知道以下几点。

第一，整体环境。市场状况如何，是否景气。

第二，你的资源。你有哪些优势（优点）和弱势（弱点），你有哪些资本。

第三，对手的资源。对手的资产状况如何，他的优势、劣势在哪里。在任何竞争中，谋划大策略的重要因素之一，就是了解对手的优势。

第四，你的目标和态度。太阳神阿波罗的座右铭只有短短的一句话——"人贵自知"。你要知道自己在干什么、有什么目标，实现目标的决心有多坚决，认为自己像个赢家还是在怀疑自己，在精神与态度上有什么优点和缺点。

约翰，你要记住我的一句话：越是认为自己行，你就会变得越高明，积极的心态会创造成功。

第五，对手的目标和态度。要尽量判断对手的目标，同样重要的是，要设法深入对手的内心，了解他的想法和感觉。

毫无疑问，最后这一条——预测和了解对手——是最难实现和利用的，但你要去力争实现。那些伟大的军事将领大多有一个习惯，他们总是尽力了解对手的性格和习惯，以此来判断对手可能作出的选择和行动方向。在所有的竞争活动中，能够了解对手和竞争者也总是很有功效的，因为这样你就可以预测对手的动向。主动、预期性的措施总比被动反应有效，而且更有力量，俗话说，预防胜于治疗就是这个道理。

在有些时候，你的竞争对手可能是你熟知的人，那你就要对这个优势多加利用。如果你了解他是一个很谨慎的人，或许你自己最好也应该小心一点儿；如果你觉得他总是很冲动，或许这是在暗示你，要大刀阔斧，否则你就可能被他逼上绝路。

但是，并非只与对手熟识才能了解对手，只要你能明察秋毫，在谈判桌上你同样可以发现很多有价值的东西。善于谈判

第 21 封信
明白交易中的价值与价格

的人应该能够观察一切。你甚至不必等到开始走出第一步,才开始了解对手。

我们说的话可能会透露或掩饰自己的动机,但我们的选择几乎总是会泄露自己内心的秘密——想法,这是每个人所作的第一个选择,也是泄露真相的第一个动作。在谈判中你必须了解自己在说什么,如果你真的能掌控一切,就应该能够掌控自己所说的话,这会给自己带来极大好处。

同样的,你必须随时保持警惕,以便收到对手发出的信息,如果是这样,你就可以持续掌控明确的优势,做不到这一点,你就可能丧失另一个机会。你需要知道,在一场竞争激烈的谈判中失败,意味着下次赢得谈判的机会将会降低。

做交易的秘诀在于,你要知道不能交易什么和可以交易什么。摩根先生视我们为墙角里的残渣,要清扫出去,但我们必须留在地板上。这是不能谈判的。同时,他还必须给出一个好价钱。但你也要知道,在做生意时,你绝对不能想把钱赚得一干二净,要留一点儿给别人。

约翰,你知道,我们愿意做这笔交易,是因为我们认为这笔交易对我们有利,这是显而易见的。然而,你不要受制于这种明显而狭隘的观点。

有太多的"聪明人"认为自己的目的不是要交易,而是要捡便宜，希望用最低的价格买到东西。这次摩根一方给出的价格比实际价值低过百万。如果他只想做这种交易，那么他会因此而丧失这次登上美国钢铁行业霸主地位的机会。交易的真谛是交换价值，用别人想要的东西来换取你想要的东西。

要完成一笔好交易，最好的方法是强调其价值。而很多人会犯强调价格，而非价值的错误，常说什么"这的确很便宜，再也找不到这么低的价格了"。不错，没有谁愿意出高价，但在最低价之外，人们更希望得到最高的价值。

约翰，在你与摩根先生谈判中，当涉及金钱的时候，你绝对不要先提金额，要先向他声明宝贵的价值，强调他从你这里能够买到什么。

我相信，人经过努力可以改变世界，达到新的、更美好的境界。祝你好运！

爱你的父亲

第22封信

合作是一种获利战术

> 合作可以压制对手或让对手出局,让自己向目标阔步迈进的目的得以实现,换句话说,合作并不见得是追求胜利。遗憾的是,只有为数不多的人才了解其中的奥妙。

亲爱的约翰:

你与摩根先生的手终于握到了一起,这是美国经济史上最伟大的一次握手,我相信后人一定会记住这一伟大时刻。正如《华尔街日报》所说,它标志着"一艘由华尔街大亨和石油大亨共同打造的超级战舰已经出航,它将势不可当,永不沉没"。

约翰,你知道这叫什么吗?这就是合作的力量。

合作，在那些妄自尊大的人眼里，它或许是件软弱或可耻的事情，但在我看来，合作永远是聪明的选择，前提是必须对自己有利。现在，我很想让你知道这样的事实。

对于我今天所成就的伟业，我很愿意将其归功于三大力量的支持：第一支力量来自按规则行事，它能让企业得以持续性经营；第二支力量来自残酷无情的竞争，它会让每次竞争的成果更趋于完美；第三支力量则来自于合作，它可以让我在合作中取得利益、捞得好处。

我之所以能够跑在竞争者的前面，就在于我擅长走捷径——与人合作。在我创造财富之旅的每一站，你都能看到合作的站牌。因为从我踏上社会的那一天起我就知道，在任何时候，任何地方，只要存在竞争，谁都不可能孤军奋战，除非他想自寻死路。聪明的人会与他人包括竞争对手形成合作关系，借助他人的力量使自己存活下去或强大起来。

当然，我可以作出一个假设，如果我们不与摩根先生联手，这个假设很有可能成为现实，我们双方就很可能会拼个两败俱伤，而我们的对手卡内基先生则会从中坐收渔利，让他在钢铁行业始终以一枝独秀的姿态继续下去。但现在，卡内基先生一定要捶胸顿足了，想想看，谁会在对手蚕食自己领地的时候还能泰然自若呢？除非他是躺在坟墓里的死人。

第 22 封信
合作是一种获利战术

合作可以压制对手或让对手出局,让自己向目标阔步迈进的目的得以实现,换句话说,合作并不见得是追求胜利。遗憾的是,只有为数不多的人才了解其中的奥妙。

但是,合作并不等同于友谊、爱情和婚姻,合作的目的不是去经营情感,而是要捞到利益和好处。我们应该知道,成功有赖于他人的支持与合作,我们的理想与我们自己之间有一道鸿沟,要想跨越这道鸿沟,必须依靠别人的支持与合作。

当然,我永远不会拒绝与生意伙伴建立友谊,我相信建立在生意上的友谊远胜过建立在友谊上的生意。例如我与亨利·弗拉格勒先生的合作。亨利是我永远的知己、最好的助手,我与他结盟,他让我得到的不只是投资,更多的是智慧和心灵上的支持。亨利同我一样,从不自满而且雄心勃勃,成为石油行业的主人是他的梦想。直到现在,我还记得我们开始合作时的情景,那时候除去吃饭和睡觉,我们几乎形影不离,我们一起上班、下班,一同思考,一同制订计划,相互激励,彼此坚定决心。那段时间,就如同欢度蜜月一样,是让我永远感到愉快的记忆。

如今,几十年过去了,我们依然亲如兄弟,这份情感给多少钱我都不卖。这也是我一直让你叫他亨利叔叔而不要叫他亨利先生的原因。

我从不尝试去买卖友谊，因为友谊不是能用金钱买来的，友谊的背后需要真情的支持。我与亨利之所以有不悔的合作和永远的友谊，不仅仅在于我们是追逐利益的共谋者，更重要的是，我们都是严于律己的人，我们都知道要想让别人怎么待你，你就怎么待别人而且从现在做起的道理。

"己所不欲，勿施于人"，既是我的行为准则，又是我对合作所保有的明智态度。

所以，我从不仗势欺凌处于弱势的对手，我情愿与他们促膝谈心，也不愿意摆出盛气凌人的姿态去压服他们，否则，我会毁了我们之间的合作，让行动停止在中途。

当然，遇到傲慢无礼的人，我也有总忘不了要羞辱他一番的时候，例如我就曾教训过纽约中央铁路公司的老板范德·比尔特先生。

范德·比尔特出身贵族，在南北战争中立过战功，享有将军头衔，但他把战场上得到的荣誉当作他生活中不可一世的资本，并自以为把持着运输大权，就可以把我们当成打短工的。

有一次，亨利找到他要谈运输的事情，可谁知道这个傲慢的家伙竟然说："年轻人，你要与我谈？你的军阶似乎低了些！"亨利从未受到过这样的侮辱，但在那一刻良好的教养帮了他，他没有失态，但回到办公室，他那个漂亮的笔筒却遭了殃，被他摔了个粉身碎骨。

我赶快安慰他：“亨利，忘掉那混蛋说了什么，我一定会为你讨回尊严。”后来范德·比尔特急着要与我们做生意，请我们到他那里去谈判，我派人告诉他："可以谈判，但你要到我们办公室来谈。"结果，这位习惯了被人巴结、讨好的将军，只能屈尊来见比他小40多岁的年轻人，同时还要屈从两个年轻人提出的条件。我想，在那一刻，范德·比尔特将军一定明白了这样一个道理：往上爬的时候要对别人好一点儿，因为你走下坡路的时候会碰到他们。

我厌恶以粗暴的态度对待别人，更知道耐心、温和对待下属和同事的价值——有利于实现目标。

我知道用钱可以买到人才，却不会买到人心，但如果在付钱的时候又送上一份尊重，我就会让他们为我忠心地服务。这就是我能建立起高效管理队伍的成功所在。

但我不希望因此产生错误的判断，认为合作就是做好人。不！合作不是做好人的问题，而是好处和利益的问题。没有任何结盟是永远持久的，合作只是一种获利战术。当环境发生变化的时候，战术将随之改变，否则，你就输了。现实很严厉，你必须更严厉，但是在合作中，显然也要当个好人。

约翰，生命的本质就是斗争和竞争，它们激动人心。但是，当它们发展为冲突时，就往往具有毁灭性和破坏性，而适时的合作则可予以化解。

爱你的父亲

第 23 封信

相信自己是重要人物

> 我们不能左右风的方向,但我们可以调整风帆——选择我们的态度。一旦你们选择了看重自己的态度,那些"我是个没用的人,我是个无名小卒,我算老几,我一文不值"等贬低自己、消磨意志、削弱信心和自暴自弃的懦夫想法就会消失殆尽。取而代之的,是心灵的复活、思维和行为方式的积极改变、信心的增强,以"我能!而且我会"的心态面对一切。

亲爱的约翰:

享受别人给予的热烈而真挚的爱戴,这种感觉真是棒极了。今天,芝加哥大学的学生让我体验到了这种美妙的感受。姑且把这种行为看作是对我创建该校的回报,不过,这的确让我喜出望外。

说实话,在我决定投资创建这所大学之前,我从未奢望在那里受到圣人般的礼遇。我最初的想法只是希望能为我们的青年一代做些什么，为了给他们传承我们最优秀的文化并造就自己的美好未来而提供一些力所能及的帮助。现在看来，我的目的达到了，这是我一生中最明智的投资。

芝加哥大学的青年学生非常可爱，他们对美好的未来无限向往，都拥有成就一番事业的愿望和决心。他们当中几个一脸朝气的男孩跑来跟我说，我是他们的榜样，真诚地希望我能给他们一些建议。我接受了他们的请求，我送给那些未来的洛克菲勒们一些忠告：

成功不是以一个人的身高、体重、学历或家庭背景来衡量的，而是由他思想的"大小"来决定。我们思想的大小决定我们成就的大小。这其中最重要的一条就是我们要看重自己，克服人类最大的弱点——自卑，千万不要廉价出卖自己。你们比你们想象中的还要伟大，所以，要将你们的思想扩大到你们真实的程度，绝对不要看轻自己。

这时掌声突然响起，我显然被它彻底俘虏了，以致得意忘形，管不住我的舌头，我继续往下说。

——第23封信
相信自己是重要人物

几千年来，很多哲学家用他们的智慧偈语忠告我们——认识自己。但是，大部分人都把它解释为仅仅认识自己消极的一面，大部分的自我评估都包括太多的缺点、错失与无能。认识自己的缺点固然是一件好事，我们可以借此谋求改进。但是，如果我们仅仅认识自己消极的一面，就会陷入混乱，使自己变得没有任何价值。

对那些渴望得到别人尊重的人来说，现实是很残酷的，因为别人对他的看法，与他对自己的看法相同。我们都会受到那种"我们自认为是怎样"的待遇。那些自以为比别人差一截的人，结果也一定会是比别人差一截，不管他的实际能力到底如何，因为人的思想本身具有调节并控制其各种行为的能力。

如果一个人觉得自己比不上别人，他就会表现出"真"的比不上别人的各种行为，而且这种感觉无法掩饰或隐瞒。那些自以为"不是很重要"的人，就真的会成为"不是很重要"的人。

而另一方面，那些相信自己具有"承担重大责任的能力"的人，就真的会变成一个"很重要"的人物。所以，如果你们真想成为重要人物，就必须首先使自己承认"我确实很重要"，而且要真诚地肯定，如此别人才会跟着这么想。

每个人都无法逃脱这样一个推理原则：你如何思考将会决

定你采取什么样的行动，你的行动方式将决定别人对你的看法，就像你们的成功计划一样，要获得别人的尊重其实很简单。为了得到他人的尊重，首先你们必须觉得自己确实有值得别人尊敬的地方，而且你们越尊重自己，别人对你们的敬意也将越发强烈。

请你们想一想：你们会不会尊重那些成天游荡在破旧街道的人？当然不会。为什么？原因就在于那些无赖汉根本不看重自己，他们只会让自卑感腐蚀他们的心灵而自暴自弃。倘若他们看重自己，他们便不会这么自甘堕落。

一个人的思想观念是人格的核心。你们自己认为是什么样的人，你们就真的会成为什么样的人。

不管他是谁，无论他身居何处，他究竟是无名之辈还是身世显赫，他到底是文明还是野蛮，也不论他是年轻还是年老，他都有成为重要人物的强烈欲望。请仔细想一想你们身边的每一个人——你的邻居、你自己、你的老师、你的同学、你的朋友，他们当中谁会没有成为重要人物的强烈愿望？全都有，这种愿望是人类最强烈、最直接的一种目标。

但是，为什么很多人却将这个本可以实现的目标，永远地变成了无法实现的美梦呢？在我看来，态度起到了决定性作用。态度是我们每个人思想和精神因素的物化，它决定着我们的选

第23封信
相信自己是重要人物

择和行动。在这个意义上说,态度是我们最好的朋友,也是我们最大的敌人。

我承认,我们不能左右风的方向,但我们可以调整风帆——选择我们的态度。一旦你们选择了看重自己的态度,那些"我是个没用的人,我是个无名小卒,我算老几,我一文不值"等贬低自己、消磨意志、削弱信心和自暴自弃的懦夫想法就会消失殆尽。取而代之的,是心灵的复活、思维和行为方式的积极改变、信心的增强,以"我能!而且我会"的心态面对一切。

小伙子们!如果你们中间有谁曾经自己骗自己,请就此停止,因为那些不觉得自己重要的人,都是自暴自弃的普通人。任何时候都不要贬低自己,你最先要做的就是选出自己的各种资产——优点。这要问你自己:"我有哪些优点?"在分析自己的优点时,不能太客气。

你们要专注自己的长处,告诉自己你比你想象的还要好。你要让自己的眼光注视到更远的未来,对自己充满期待,而不能只将眼光局限于现状。要随时记住这个问题:重要人物会不会这么做呢?做到这些的话,成为重要的伟大人物也就离你们不远了。

孩子们,通往成功的道路上铺满了黄金,然而这条道路却只是一条单行线。此时此刻，我们需要一种乐观的态度。乐观常被哲学家称为"希望"。首先让我来告诉你们，这是对乐观的曲解！乐观是一种信念，拥有这种信念的人他会相信，生活终究是乐多苦少，即使不如人愿的事情屡屡发生，好事终将占得上风。

约翰，你知道吗，在我短短十几分钟的即兴演讲中，我竟获得了八次掌声。遗憾的是过多的掌声干扰了我的思路，我有一个重要的观点被掌声赶跑了，那就是提高思考能力，这会让他们的行为水准得以提高，使他们更有作为。但我还是很高兴，我的舌头居然有那么大的魅力。

爱你的父亲

第 24 封信
让每一分钱都物有所值

> 无论一个人积存了多么丰富的妙语箴言,无论他的见解有多么高明,假使不能利用每一个确实的机会去行动,其性格终不能受到良好的影响。失去美好的意图,终是一无所获。

亲爱的约翰:

查尔斯先生永远地离开了我们,这让我很难过。查尔斯先生一直是一位非常善良的富人,他乐善好施,不断用自己辛勤赚到的钱去救助那些处于贫困噩梦中的同胞。

与真挚的灵魂相伴,是天赐的福气。我能有像查尔斯先生这样的合伙人,是我一生的荣幸。当然,查尔斯先生谨小慎微的性格常常导致我们之间发生分歧，但这丝毫不会影响我对他的尊重。失去对高尚者的尊重，也是在剥夺自己做人的尊严。

当年，公司最高管理层有共进午餐的习惯，每次用餐的时候，查尔斯先生都坐在象征公司核心的座位上。尽管我是公司的第一人，但为了对他的高尚人格表示敬意，我便把座位让给了他。是的，这不足为道，高尚的道德本该受到褒奖。而就一个整体而言，虽然这只是很小很小的细节，但这样一个细节可能影响到整个公司，影响到公司的业绩。

事实上，标准石油公司的合伙人都是正直的人，我们每个人都懂得彼此尊重、信任、团结一心对合作有多么重要，我们努力使之成为现实。所以，即使出现分歧，我们只会直言不讳、就事论事，从不钩心斗角、搬弄是非。我相信，在这种纯洁的氛围中，即使有人心术不正，他也会把心术不正的恶习留在家里。但这只是标准石油公司强大到令对手敬畏的原因之一，而视精诚协作为我们的生命才是最重要的因素。在这方面，查尔斯先生身体力行，堪为表率。

作为公司的引领者，我在一次董事会上曾真诚倡议："我们是一家人，我们荣辱与共，我们坚强的手掌托起的是我们共同的事业。所以，我建议大家，请不要说我应该做什么，而要说我们应该做什么。千万别忘了，我们是合作伙伴，无论做什么

第 24 封信
让每一分钱都物有所值

事都是为了我们大家的利益。"

我的发言感染了查尔斯先生,他第一个回应我:"先生们,我听懂了,约翰的意思是说,比起'我'来说,'我们'更重要,我们是一家人!没错!是应该说我们!"

在那一刻,我看到了我们伟大的未来,因为我们已经开始忠于"我们"。别忘了,人人自私,每个人的天性都是忠于自己,"我"是每个人心中的宗教。当"我们"取代"我"的时候,它所焕发出的力量将难以估量。我之所以能取得巨大成就,就在于我首先经营的是人,是所有的人。

我与查尔斯先生有着共同的信仰。我喜欢查尔斯先生最喜欢的一句格言——珍惜时间和金钱。我一直以为这是一则凝聚着伟大智慧的箴言。我相信绝大多数的人都会喜欢它,但他们却难以将其变成自己的思想信念和价值信条,并永远融入自己的血液中。

是的,无论一个人积存了多么丰富的妙语箴言,无论他的见解有多么高明,假使不能利用每一个确实的机会去行动,其性格终不能受到良好的影响。失去美好的意图,终是一无所获。

几乎人人都知道,构筑幸福生活,实现伟大抱负,这一切美好愿望能否实现都与如何利用时间密切相关。

然而,在很多人那里,时间是他们的敌人,他们消磨它,抹杀它；但如果谁偷走他们的时间，他们又会大发雷霆，因为时间毕竟是金钱，重要的是时间还是生命。遗憾的是，他们就是不知道如何利用时间。

事实上，这没有哥伦布先生发现美洲大陆那么难。要利用好自己的时间，最重要的是我们对每一天甚至是每一刻都做好计划，思考自己应该思考什么，并采取怎样的行动。

计划是我们按照每天的实际情况去生活的依据，它能显示什么是可行的。要制订完美的计划，首先要确认自己想要什么。还有，每项计划都要有措施，并要监督成果。能付诸行动、有成果的计划才是有价值的计划。当然，创造力、自发精神和信念可以化不可能为可能，并突破计划的限制，所以不要让计划成为束缚自己的枷锁。

每一刻都是关键，每一个决定都影响生命的过程，所以我们要有下决心的策略。决定不宜做得太快，遇到重要问题时，如果没有想好最后一步，就永远不要迈出第一步。

你要始终相信总有思考问题的时间，也总有足够的时间付诸行动，促进计划成熟的耐心是必不可少的。可是一旦作出决定，就要像斗士那样，忠实地去执行。

赚钱不会让你破产，这是查尔斯先生的致富圣经。在一次宴会上，查尔斯先生公开了他的赚钱哲学，那天他用一种演讲

第24封信
让每一分钱都物有所值

家般的激情,激励了我们每个人,他告诉我们大家,世界上有两种人永远不会富有。

第一种是及时行乐者,他们喜欢过着光鲜亮丽的日子,像苍蝇盯臭肉那样,对奢侈品兴趣盎然,他们挥霍无度,竭尽所能地收揽精美的服饰、昂贵的汽车、豪华的住宅,以及价格不菲的艺术品。这种生活的确迷人,但它缺乏理性,及时行乐者缺乏这样的警惕——他们是在寻找增加负债的方法,他们会成为可怜的车奴、房奴,而一旦破产,他们就完了!

第二种人,喜欢存钱的人,把钱存在银行里当然保险,但这跟把钱冷冻起来没什么两样,要知道靠利息不能发财。

但是,有一种人会成为富人,比如在座的诸位,我们不寻找花钱的方法,我们寻找、培养和管理各种投资的方法,因为我们知道财富可以用来生成更多的钱财,我们会把钱拿出来投资,创造更多的财富。但我们还要知道,让每一分钱都能带来效益!这正如约翰一贯的经商原则——每一分钱都要让它物有所值!

查尔斯先生的演讲博得了热烈掌声,我被他燃烧起来,鼓掌时太过用力,以致饭后还觉得两个手掌在隐隐作痛。

如今,再也听不到那种掌声了,也没那种鼓掌的机会了,但"珍惜时间和金钱"这句话一直与我相伴。我没有理由浪费生命，浪费生命就等于糟蹋自己，世界上没有比糟蹋自己更大的悲剧了。我也不把安逸和享乐看作是生活的目的，因为那被我称之为猪的理想。

爱你的父亲

第 25 封信
忍耐是一种策略

> 在任何时候冲动都是我们最大的敌人。如果忍耐能化解不该发生的冲突,这样的忍耐永远是值得的,但是,如果一意孤行,非但不能化解危机,还会带来更大的灾难。

亲爱的约翰:

非常感谢你对我的信任,把你退出花旗银行董事会的事情告诉我。我当然理解你这样做的理由,你已经无法继续忍受同事们的某些做法,更不想继续屈从于他们。

但是,你的决定是否明智,似乎还有待证实,这要一段时间后才能见分晓。理由很简单,如果你不主动放弃花旗银行董事的职位,而是选择留在那里,或许你会得到更多。

我知道,屈从是思想的大敌,也是自由的狱吏。然而,对于一个胸怀大志的人而言,保持必要的屈从与忍耐,恰恰是一种屡试不爽的成功策略。追溯过往,我曾经忍耐过许多,也因忍耐而得到过许多。

在我创业之初,由于资金缺乏,我的合伙人克拉克先生邀请他昔日同事加德纳先生入伙,对此我举双手赞成,因为有了这位富人的加入,就意味着我们可以做我们想做、有能力做、只要有足够资金就能做成的事情。

然而,出乎意料的是,克拉克在带来一个钱包的同时,也送给了我一份屈辱,他们要把克拉克-洛克菲勒公司更名为克拉克-加德纳公司,而他们将洛克菲勒的姓氏从公司名称中抹去的唯一理由居然是加德纳出身名门,他的姓氏能吸引更多的客户。

这极大地伤害了我的尊严!我当时怒火中烧!我同样是合伙人,加德纳带来的只是他那一份资金而已,难道他出身贵族就可以剥夺我应得的名分吗?但是,当时我忍下了,我告诉自己:"你要控制住你自己,你要保持心态平静,这只是开始,路还长着呢!"

我故作镇静,装作若无其事的样子告诉克拉克:"这没什

——第25封信
忍耐是一种策略

么。"事实上,这完全是谎言。想想看,一个遭受不公平对待、自尊心受到严重伤害的人,他怎么可能有如此的宽宏大量!但是,我用理性浇灭了我心头燃烧着的熊熊怒火,因为我知道这会给我带来好处。

忍耐不是盲目地容忍,你需要冷静地考量情势,要知道你的决定是否会偏离或者阻碍你的目标。对克拉克大发雷霆不仅有失体面,更重要的是,这会给我们的合作制造裂痕,甚至招致一脚把我踢出去、让我从头再来的恶果。而团结则可以形成合力,让我们的事业越做越大,我的个人力量和利益也必将随之壮大。

我知道自己的目标在哪里。在这之后我继续一如既往、不知疲倦地热情工作。

到了第三个年头,我就成功地把那位穷奢极欲的加德纳先生请出了公司,让克拉克-洛克菲勒公司的牌子重新竖立起来!那时人们开始尊称我为洛克菲勒先生,我已成为富人。

在我眼里忍耐并非忍气吞声,也绝非卑躬屈膝,忍耐是一种策略,同时也是一种性格磨炼,它所孕育出的是好胜之心。这是我与克拉克先生合作期间所悟出的心得。

我崇尚平等,厌恶居高临下发号施令。然而,克拉克先生在我面前却总要摆出趾高气扬的架势,这令我非常反感。他似乎从不把我放在眼里，把我视为目光短浅的小职员，甚至当面贬低我除了记账和管钱之外一无是处，要不是有他这个合伙人，我更会变得一文不值。这是公然的挑衅，我却装作充耳不闻，我知道自己尊重自己比什么都重要，但是，我在心里已经同他开战，我一遍一遍地叮嘱自己：超过他，你的强大是对他最好的羞辱，是打在他脸上最响亮的耳光。

结果正像你所知道的那样，克拉克－洛克菲勒公司永远成为了历史，取代它的是洛克菲勒－安德鲁斯公司，我就此搭上了成为亿万富翁的特快列车。能忍人所不能忍之处，才能为人所不能为之事。

在任何时候冲动都是我们最大的敌人。如果忍耐能化解不该发生的冲突，这样的忍耐永远是值得的，但是，如果一意孤行，非但不能化解危机，还会带来更大的灾难。安德鲁斯先生似乎并不明白这个道理。

安德鲁斯先生是一个没有商业头脑却自以为是的人，他缺乏成为伟大商人的雄心却有着邪恶的偏见。这种人与我发生冲突毫不奇怪。

导致我们最终分道扬镳的那场冲突，源于公司如何发放股东的红利。那一年我们干得不错，赚了很多钱，可是我不想把公司赚到的钱全都让股东们拿回家，我希望能将其中一半的收

第25封信
忍耐是一种策略

益再投入到公司的经营中去。

但安德鲁斯坚决反对,这个自私自利的家伙想把赚来的钱全分了,甚至怒气冲冲地威胁我说,他不想在公司继续干下去了。我不能忍受任何阻止公司强大的想法,我只能向他摊牌,请他给他所持有的股票开价。他的报价是100万元,我说没问题,第二天我就用100万元买下了那些股份。

钱一到手,安德鲁斯兴奋极了,他以为自己交了好运,认为他手里持有的股票根本不值100万元。但他没有想到的是,我很快一转手就赚了30万元。这事传到他那里,他竟然指责我手段卑鄙。我不想因为区区30万元就落得个卑鄙的名声,就派人告诉他可以按原价收回,但懊恼中的安德鲁斯拒绝了我的好意。事实上他拒绝的是一次成为全美巨富的机会,如果他能把他价值100万的股票保留到今天,就会成为现在的千万富翁。但为赌一时之气,他丧失了终生再也抓不住的机会。

约翰,在这个世界上,存在着许多需要我们去忍耐的人和事,而引诱我们感情用事的人和事也太多太多。

所以,你要修炼自己管理情绪和控制感情的能力,要注意在制定决策时不能受情绪左右,而是完全根据需要来作决定,要永远知道自己想要什么。你还需要知道,没有太多的机会可以争取,如果你真的想成功,你一定要掌握并保护自己的机会,更要设法抢夺别人的机会。

　　记住，要天天把忍耐带在身边，它会给你带来快乐、机会和成功。

爱你的父亲

第26封信
幸运之神眷顾勇者

> 经验告诉我，自信果敢的人，能完成最好的交易，能吸引他人的支持，结成最有力的联盟。而那些胆小、犹豫的人却难以制造这样的效果。不仅如此，大胆的方法对自己也大有裨益，有自信的人期望成功，他们会配合自己的期望，设计所有的计划以追求成功。

亲爱的约翰：

几天前，你的姐姐塞迪兴高采烈地告诉我，她一头栽进了幸运里，说她手里的股票就像百依百顺听她使唤的奴隶，正在帮她将大把大把的钱拿回家。

我想现在的塞迪可能已经快乐疯了，但我不希望她被那些钱弄得得意忘形，以致乱了分寸，我给她以警示：过度相信运气会把你扔到失败的田野上。

几乎每一位事业有成的人都在警告世人：你不能靠运气活着，尤其不能靠运气来建立事业生涯。有趣的是，大部分的人对运气深信不疑，我想他们是错把机会当运气了，没有机会就没有运气。

约翰，想一想你认识的那些幸运儿，你几乎可以确定，他们都不是温良恭俭的人，你也几乎可以确定，他们总是表现出自信的光辉和天下无难事的态度，甚至会显得非常大胆。这其中潜藏着一个鸡生蛋、蛋生鸡的问题，幸运儿是因为幸运才表现得自信和大胆，还是他们的"运气"是自信和大胆的结果呢？我的答案是后者。

幸运之神眷顾勇者，是我一生奉行的格言。胜利不一定属于强者，高度警惕、生气勃勃、勇敢无畏的人也会获得胜利的眷顾。当然，也有人相信谨慎胜过勇敢，但勇敢和大胆比谨慎更引人注目，更受欢迎，且更有吸引力，懦弱根本不能与之相比。

我从未见过有谁不欣赏自信果敢的人，每个人都会用极大的热情去支持自信果敢的人，期望这样的人担任领袖。我们之所以如此相信这样的人，就在于他们有着强大的吸引力。所以，勇敢的人常常会比较成功，会较容易担任领袖、总裁和司令官，

第26封信
幸运之神眷顾勇者

那些迅速升职的人都属于这样的人。

经验告诉我，自信果敢的人，能完成最好的交易，能吸引他人的支持，结成最有力的盟约。

而那些胆小、犹豫的人却难以制造这样的效果。不仅如此，大胆的方法对自己也大有裨益，有自信的人期望成功，他们会配合自己的期望，设计所有的计划以追求成功。

当然，这样做不能保证会绝对成功，却能自然而然地推出对成功的展望。换句话说，如果你觉得自己是赢家，你的行为就会像个赢家；如果你的行为像个赢家，你就很可能去做更多赢家要做的事，从而改变你的"运气"。

真正的勇者并不是不可一世的狂妄之徒，更不是没有脑子的莽撞汉。勇者知道如何运用预测和判断力，计划每一步和做好每一个决定，这种做法就像军事策略家所说的那样，会让你力量大增，也就是拥有一种武器，能立刻形成明显的优势，帮你战胜对手。这让我想起了十几年前，大胆决定买下莱玛油区的事情。

在此之前，甚至连我的助手都开始担心在石油行业已经无利可图，因此他悄悄地卖着公司的股票。而有的人甚至建议，公司应该及早退出石油业，转行做其他更为稳妥的生意，否则我们这艘大船就将永远不能返航。作为领袖，面对悲观送出的应该永远是希望而不是哀叹。

再次看到希望是人们在俄亥俄州莱玛镇发现了石油的时候。只是莱玛的石油散发着一股特殊的臭味，用常规方法无法去除，这让许多本想从中大捞一把的人感到失望。

但我对莱玛油田充满信心，我可以预见到一旦我们独占莱玛，我们就将具有统治石油市场的强大力量。机会来了，如果让它悄然溜走，洛克菲勒的名字就会与猪联系在一起。我郑重地告诉公司的董事们：这是千载难逢的一个大好时机，是该把钱投到莱玛的时候了！

非常遗憾的是，我的意见遭到了胆小怕事者的反对。

强加于人不符合我的性格，我寄希望于通过和颜悦色的讨论，让大家最终能统一到我的意见上来。

那是一次漫长而没有结果的等待。我心急如焚，我们建起了全球最具规模的巨型炼油厂，它就像一个饥饿的婴儿对母亲的奶汁贪得无厌一样，需要吃掉源源不断的原油，但宾州的油田正在凋敝，其他几个小油田业已开始减产。长此下去我们只得依赖俄国的原油，几乎可以肯定，俄国人一定会利用他们对油田的控制，削弱我们的力量，甚至彻底击败我们，把我们赶出欧洲市场。但是，一旦我们拥有了莱玛的石油资源，我们就会继续做赢家。不能再等了，是我该行动的时候了！

第 26 封信
幸运之神眷顾勇者

正像我所预想的那样,在董事会上保守派的意见依然是"不"。但我以令反对派大吃一惊的方式,降伏了他们,我说:"先生们,如果不想让我们这艘巨轮沉下去,我们必须保证我们的原油供应。现在,蕴藏在莱玛地下的石油正向我们招手,它将带来令我们目眩的巨额财富。

看在上帝的份儿上,请不要说那带有臭味的液体没有市场,我相信这些东西都有其价值,我相信科学会扫除我们的疑虑。所以,我决定用我自己的钱进行这项投资,并情愿承担两年的风险。如果两年以后成功了,公司可以把钱还给我;如果失败了,就由我自己承担一切损失。"

我的决心与诚意打动了我最大的反对者普拉特先生,他眼中闪动着泪光,激动地对我说:"约翰,我的心被你俘虏了,既然你认为应该这样做,我们就一起干吧!你能冒这个险,我也能!""一荣俱荣、一损俱损"的合作精神,是我们不断强大的精神支柱。

我们成功了。我们倾尽全力将巨资投到了莱玛,其回报更是巨大,我们将全美最大的原油生产基地牢牢地控制在了自己的手中。而在莱玛的成功又增强了我们的活力,驱使我们开始在石油业发动前所未有的大收购战。结果正像我们预想的那样,我们成为石油领域最令人畏惧的超级舰队,取得了不可动摇的统治地位。

约翰，态度有助于创造运气，而机遇就在你的选择之中。如果你有 51% 的时间做对了，那么你就会变成英雄。

这是我关于幸运的最深体会。

爱你的父亲

第27封信
欲得完美想法，必先具备许多想法

> 世界上不可能有绝对完美的计划，这意味着一切事物永远都有改良的余地。我非常清楚这一点，所以我经常会再寻找一些更加妥善的办法。我不会问自己：我能不能做得更好？对于这个问题，我的答案非常肯定，我相信自己一定能做到，所以我通常这样问自己：我要怎样才能做得更好？

亲爱的约翰：

对于你认为罗杰斯能担当重任、独当一面的观点，我不能赞同。事实上，我曾为此做过努力，但结果颇令我失望。我的用人原则是，被委以重任的人是能找出更好地解决问题的办法的人。但罗杰斯显然不够格，因为他是个懒于思考的人。

在我有意启用罗杰斯之前，我对他做过一番考察，当时我向他提出了一个问题："罗杰斯先生，你认为政府怎么做才能在 30 年内废除所有的监狱？"他听了以后显得很困惑，怀疑自己听错了，一阵沉默过后，他开始反驳我："尊敬的洛克菲勒先生，您的意思是要把那些杀人犯、强盗以及强奸犯全部释放吗？您知道这样做会有什么后果吗？如果真是那样，我们就别想得到安宁了。不管怎样，一定要有监狱。"

当时我希望能把罗杰斯那颗铁板似的脑袋砸开一道缝，我提醒他："罗杰斯，你只说了不能废除的理由。现在，你来试着相信可以废除监狱。假设可以废除，我们该如何着手？"

"这太让我为难了，洛克菲勒先生，我无法相信，我也很难找出废除它的方法。"这就是罗杰斯的办法——没有办法。

我想象不出，如果让他承担重任，当机会或危难来临的时候，他是否会动用他所有的才智去积极应对。我不信任罗杰斯，他只会将希望变成失望。

找出更好解决问题的办法，是出色完成任何事情的保证。这不需要超人的智慧，重要的是一种信念——相信自己能把事情做好。当我们相信某一件事不可能做到的时候，我们的大脑就会为我们找出各种做不到的理由。但是，当我们相信——真正地相信，某一件事确实可以做到，我们的大脑就会帮我们找出各种做到的方法。

第 27 封信
欲得完美想法，必先具备许多想法

确信自己能做成某事，会激发出我们潜在的各种创造力，我们也会因此得到创造性的解决办法。相反，对某件事情的成功与否存在怀疑或者直接否定，就等于关闭了自己的心门，不但会阻碍潜在创造力的发挥，同时我们的美好梦想也随之破灭。

我厌恶我手下的人说"不可能"。"不可能"是失败者的用语，一个人一旦被"那是不可能的"想法所支配，他就能生出一连串的想法证明他想得没错。罗杰斯就犯了这种错误，他是个传统的思考者，他的心灵都是麻木的，他的理由是：监狱制度已经实行几百年了，因此一定是个好办法，必须维持原样，又何必冒险去改变呢？而事实往往是，如果你能用心地去想改变的方法，那么事情也将会做得出色。然而"普通人"总是憎恶进步。

人们都相信，任何事情都不可能只有一种最好的解决办法，最好的方法就如创造性的想法那样多。没有任何事是在冰雪中生长的，如果我们让陈旧的想法冻结我们的心灵，新的创意就无从生长。

陈旧的想法是禁锢我们创造力的头号敌人。陈旧的想法会冰冻我们的心灵，阻碍我们发挥成功必需的创造力。罗杰斯就犯了这样的错误，他应该乐于接受各种创意，丢弃那些"不可行""办不到""没有用""那很愚蠢"等思想的渣滓；他还要具备实践精神，勇于尝试新的东西，这样他才能扩展他的能力，为他承担更大的责任做好准备。同时，他还要主动前进，他的想法不能只停留在以前——这是我平常做事的方式，所以在这里我也要用这种方法。他的想法必须有所改变，他应该要有这样的觉悟——比起我们惯用的方法，有什么方法能更好地解决问题呢？

世界上不可能有绝对完美的计划，这意味着一切事物永远都有改良的余地。我非常清楚这一点，所以我经常会再寻找一些更加妥善的办法。我不会问自己：我能不能做得更好？对于这个问题，我的答案非常肯定，我相信自己一定能做到。所以我通常这样问自己：我要怎样才能做得更好？

要找出完美想法的最佳途径，就是拥有许多想法。我会不断地为自己和别人设定较高的标准，不断地寻求提高效率的各种方法，以较低的成本获得较多的收益，以较少的精力做成更多的事情。因为我知道，有"我能把事情做得更好"这种态度的人才能取得伟大的成就。

树立"我能做得更好"的态度，需要培养，要每天思考这些问题：我今天要怎样把工作做得更好？今天我该如何激励员工？我还能为公司提供哪些特殊的服务？我该如何使工作更有效率？这项练习很简单，但很管用。你可以试试看，我相信你

—— 第 27 封信
欲得完美想法，必先具备许多想法

会找到无数创造性的方法来赢得更大的成功。

我们的态度决定我们的能力。我不止一次地说过，只要我们自己相信能做多少，我们就能做到多少，因为在你充分相信的背后是巨大潜能的挖掘，我们就会因此创造性地思考出各种解决问题的方法。

拒绝新的挑战是非常愚蠢的行为。我们要集中思想去考虑如何才能做得更好、更多。在此过程中，许多富有创造性的方法都会不期而至。例如，改善目前工作的计划，或者找到处理例行工作的捷径，或者删除无关紧要的琐事。换句话说，那些使我们做得更多的方法多半都在你积极思考的时候出现。

约翰，你可以跟罗杰斯谈谈，我希望他能有所改变，到那时候他也许就有好日子过了。

爱你的父亲

第 28 封信
结束是另一个开始

> 每一个伟大的成功者,都是用一个个小的成功把自己堆砌上去的,他们用结束欢庆梦想的实现,又用结束欢送新梦上路,这是每一个创造了伟大成就的人的品质。

亲爱的约翰:

安德鲁·卡内基先生又接受了记者的专访,我一直弄不明白,他为什么总喜欢在报纸上抛头露面,我猜想他准是患上了遗忘恐惧症,生怕人们忽视了他的存在。

但不管怎样,我还是比较欣赏这个常与我竞争的家伙,因为他勤奋、雄心勃勃,像个不知疲倦的铁汉,总将前进视为他

第28封信
结束是另一个开始

第一、第二、第三重要的事情。也许正是因为如此，当他被问及成功的秘诀时，记者得到的答案是：结束只是开始。

真让人难以置信，这个铁匠竟会说出如此精辟的话语。我相信这个仅由三个单词组成的短句，很快就会远播出去，或许卡内基先生也会因此得到个商界哲学家的头衔。事实上他值得人们如此称道，能将自己成功的一生浓缩成一个短句，不正体现了这位商业巨人的非凡智慧吗？

不过，卡内基先生只给出了一个成功者的成功公式，却没有给出其中的演算过程，看来这个家伙还是不能改变其自私的本性，总怕别人窥见他成功的秘密。我倒想试着替铁匠解一解那个公式，但你不要外传，否则，他会因我泄密，在圣诞节时就不光送我威士忌了，他一定还会送来雪茄，他知道我滴酒不沾，更知道我是个禁烟主义者，这个有趣的家伙。

"结束只是开始"，在我看来，铁匠是在试图表明成功是一个不断繁衍的过程，这就像一个多产的母牛，当它生下一个牛崽之后，马上又怀上了另一个牛崽，如此往复，生生不息。结束是一段路程的最后一站，又是新梦想的开始。

每一个伟大的成功者，都是用一个个小的成功把自己堆砌上去的，他们用结束欢庆梦想的实现，又用结束欢送新梦上路，这是每一个创造了伟大成就的人的品质。

但是，如何开始新梦呢？卡内基先生"忘"了说，而这恰恰是期望能否顺利冲到最后一站的关键，更是开始下一个新梦的关键。其实，答案很简单，那就是从一开始你就要千方百计地掌握优势。我的经验告诉我，有三种策略能让我拥有优势。

第一个策略：一开始就要下定决心，关注竞争状况和竞争者的资源。这个策略表示，我要注意自己和别人都拥有什么，还表示，要了解降低机会的基本面。从事新事业时，在了解整个状况之前，不应该采取初步行动，成功的第一步是了解达成目标所需要的资源在哪里，数量有多少。

从一开始，我就设法预测会出现什么机会，当它出现的时候，我会像狮子一样扑向它。而且我还知道，"最好"是"好"的敌人。很多人总喜欢追求最好的东西，而放弃好的东西。这样做不是聪明的策略，因为"好"总是胜过"不好"。而现实却是，理想的机会很少自动上门，但常常有很多还算好的机会，尽管它不尽如人意、尚有不足之处，但这绝对远胜过完全没有机会。

第二个策略：研究对手的情况，然后善用这种知识，以形成自己的优势。

了解对手的优点、弱点、做事的风格和性格特点，总能让我在竞争中拥有优势。当然，我也要知道自己是谁。我用这个

——第28封信
结束是另一个开始

策略就曾经让那个"结束只是开始"的发明者卡内基先生甘拜下风。

卡内基先生是当之无愧的钢铁巨人，挑战他就如同挑战死亡。但是他的弱点却能帮上对手的大忙，他固执己见，也许他钱包太鼓了，他总喜欢俯视、低估别人。他不把我放在眼里，愚蠢地认为只有石油行业才是我的舞台，而且他固执地认为只有愚蠢的人才会去干采矿那一行，因为他认为矿石的价格太过低廉，而且矿石取之不尽。

所以，当我投资采矿业时，他几乎逢人就不忘对我讥讽一番，说我对钢铁业一窍不通，是全美最失败的投资者。事实上，卡内基是个只能看到山腰却望不到山顶的人，他不知道价格是没有什么神圣的，重要的东西是价值，如果不能控制采矿业，他那些引以为豪的炼钢厂就只能变为一堆废铁。

当别人认为把你看作对手等于是在抬举你因而忽视你的时候，就是你为未来竞争积攒资本的时候。所以，从一开始，我便放心大胆地全面投资。冒险胜过慎重，很快这个高傲的铁匠就发现，那个"以最差投资者而闻名于世的人"控制了铁矿业，成为全美最大的铁矿石生产商，一举取得了支配地位。在我取得了和他分庭抗礼的资格后，他才如坐针毡，只能向我求和。

在竞争中,首先发现对方弱点并发起致命一击的人,常常是最后的胜者。

第三个策略:你必须拥有正确的心态。从一开始,你就必须下定决心,不获成功绝不罢休。这表示你必须在道德的限制下,表现得积极而无情,因为这种态度直接来自残酷无情的竞争。

既然决心追求胜利,就必须全力以赴,也只有全力以赴才可能取得辉煌的成就。

在竞争开始时更应如此。说得好听一点儿,这是努力取得早期的优势,希望建立独占的地位;说得难听一点儿,付出努力取得优势等于是削弱别人的机会。而与此同时,我们还要积极果敢,要有气吞山河的雄心与胆量。我相信,天才竞争者的角色总是由勇士来扮演,这是亘古不变的规律。

在每一个新梦的初始阶段,最重要的是追求胜利的决心。没有追求胜利的态度,其他所做的一切如关注竞争状况和了解对手都将是徒劳的。获得知识、保持控制力、评价竞争状况,正是帮助你建立信心,协助你达成追求胜利的最高目标的因素。

看看那些失败的人,你就会发现,其中大多数的人招致失败的原因不是犯错,而是因为他们没有全心投入,企业也是一样。

第 28 封信
结束是另一个开始

约翰，别忘了卡内基先生那句即将广为传诵的名言，"结束只是开始"，当然，还有我那三个策略。

哦，我不是在营救一个不需要营救的谋略家吧。

爱你的父亲

第29封信
拒绝与消极人士来往

> 消极人士只会哀叹时运不济，从不用带有欣赏性的眼光把自己看成是更有分量、更有价值的人，他们失去了让自己全力以赴的念头以及自我鼓励的能力，反让消极占满了自己的内心。明智的人绝不会停顿在对时运不济的哀叹中。

亲爱的约翰：

我想你已经有所觉察，因为受你那些朋友的影响，你的某些思想和观念正在发生转变。我当然不反对你扩大自己的社交圈，这可以增加你的生活情趣，扩展你的生活领域，甚至可以帮你找到知己或者帮你实现人生理想的人。但有些人显然不值得你与之交往，比如那些拘泥于卑微、琐碎的人。

第29封信
拒绝与消极人士来往

在我年轻的时候，我就有明确的想法，有两种人是我坚决拒绝与之交往的。

第一种人是那些完全向现实投降以及安于现状的人。他们深信自己完全没有足够的条件去创造伟大的成就，认为成功只是幸运儿的专利，而自己不具备这个福气。这种人愿意守着一个有一定保障但是却平凡无奇的职位，他们得过且过，年复一年，最终只能碌碌无为。他们也知道自己需要一份更有挑战性的工作，这样才能得到更好的发展与成长，但是碍于许多的阻力与挫折，他们在打击中悲观地认为自己不适合做大事，最终选择敷衍一生。

这种人只会哀叹时运不济，从不用带有欣赏性的眼光把自己看成是更有分量、更有价值的人，他们失去了让自己全力以赴的念头以及自我鼓励的能力，让消极占满了自己的内心。明智的人绝不会停顿在对时运不济的哀叹中。

第二种人是不能坚持挑战到底的人。这些人曾经有成就大事的决心和希望，也曾为此做过多方面的准备和筹划。但是几十年或十几年过去后，随着工作阻力慢慢增加，为更上一层楼需要更多艰苦努力的时候，他们就会觉得这样下去实在不值得，因而放弃努力，变得自暴自弃。

他们会自我解嘲地说："我们比一般人赚得多，生活也比一般人要好，干吗不知足，还要冒险呢？"其实这种人已经有了恐惧感，他们害怕失败，害怕大家不认同，害怕发生意外，害怕失去已有的东西。他们并不满足，但已经投降。这种人有些很有才干，却因不敢重新冒险，才愿意平平淡淡地度过一生。

这两种人身上有着共同的思想毒素，一种极易感染他人的思想毒素，那就是消极。

我一直以为，一个人的个性与野心，还有目前的身份与地位，同与什么人交往有关。经常跟消极的人来往，他自己也会变得消极；跟小人物交往过密，就会产生许多卑微的习惯。反过来说，经常受到大人物的熏陶，自会提高自己的思想水准；经常接触那些雄心万丈的成功人士，也会使他养成迈向成功所需要的野心。

我喜欢同那些永远也不屈服的人做朋友。有个聪明人说得好：我要挑战令人厌恶的逆境，因为智者告诉我，那是通往成功最明智的方向。只是这种人少之又少。

这种人绝不让悲观来左右一切，绝不屈从各种阻力，更不相信自己只能浑浑噩噩虚度一生。他们活着的目的就是获得成就，这种人都很乐观，因为他们一定要完成自己的心愿。这种人很容易成为各个领域的佼佼者。他们懂得享受真正的人生，也真正了解生命的可贵与价值。他们都盼望每一个新的日子，

——第29封信
拒绝与消极人士来往

以及跟别人之间的新接触,因为他们把这些看成是丰富人生的历练,因此热情地接受。

我相信人人都希望跻身其中,因为只有这些人才能成功,也只有这些人才能真正做出实际行动,并且能得到他们期盼的结果。

不幸的是,消极的人随处可见,他们把自己禁锢在消极的心态下,原本具有的能力也发挥不出来,以致办事不力。

在我们的周围,虽然人人平等,但并不是每个人都相同。有些消极保守,有些则积极进取。在曾与我共事的人当中,有的只是满足于解决温饱之忧,而有的则胸怀大志,想让自己的地位变得举足轻重。他们当然知道,在成为大人物前,必须先做好追随者的角色。

在你成功的路上,布满着各式各样的陷阱,要想达到成功的终点就必须避开它们。在任何一个地方,总有自不量力的人出来螳臂当车,明知不行却偏要出现在路上阻挡你前进的步伐。他们嫉妒你的表现和成就,会想尽办法来捉弄你使你难堪,有许多满怀雄心壮志的人竟因为奋发图强而被人嘲笑甚至被恐吓。

我们不能阻止他人成为那些无聊的消极分子,但我们要保证自己不被那些消极人士影响,导致我们的思想水准有所降低。你要让他们自然溜过,就像水鸭背后的水一样自然滑过。时时跟随思想积极进取的人，跟着他们一起成长、一起进步。

我并没有消极者就是坏人的想法，其中有些人心地善良，可有的却用心险恶。他们自己不知上进，还想把别人也拖下水，他们自己没有什么作为，所以想使别人也一事无成。记住，约翰，说你办不到的人，都是无法成功的人，也就是说他个人的成就，顶多是普普通通而已。因此这种人的意见，对你有害无益。

你要多加防范那些说你办不到的人，你只能把他们的看法当成一种挑战，证明他们的看法是愚蠢可笑的。你还要特别防范那些破坏你实施成功计划的消极人士，这种人随处可见，他们似乎只为破坏别人的进步与努力而努力，并以此为乐。千万要小心，要多多提防那些消极的人，千万不要让他们破坏你的成功计划。不要让那些思想消极、度量狭小的人妨碍你的进步。那些幸灾乐祸的人都想看到你失败的惨景，不要给他们机会。

当你遇到任何无法应付的困难而要寻求帮助时，明智的做法是找第一流的人物。如果向一个失败者请教，就跟请求庸医治疗绝症一样可笑。你的前途很重要，千万不要在喜好搬弄是非的人那里征求意见，因为这种人一辈子都没有出息。难道这种人会给出什么明智的意见吗？

你要重视你的环境，就像食物供应身体一样，精神活动也

——第29封信
拒绝与消极人士来往

会滋润你的心理。要使你的环境为你的工作服务,而不是拖累你。不要让那些专门扯你后腿的消极人士成为你前进的阻力,让环境在你成功的过程中起到正面作用的办法是,多接近那些积极的成功人士,拒绝同消极人士来往。

每一件事情都要做到尽善尽美,因小失大所导致的种种额外负担,你无暇承担也承担不起。

爱你的父亲

第 30 封信
做目的主义者

> 我是一个目的主义者,尽管我从不像有些人那样夸大目标的作用,但目标的功能确实在我这里得到了异常重视。在我看来,目标是激发我们潜能的关键,它拥有主导一切的力量。它可以左右我们的行为,激发我们完成任务所必须具备的创造力。明确而坚定的目标,更能让我们专注于所选择的方向,并奋力前进。

亲爱的约翰:

　　成为标准石油的核心,不仅是你的荣耀,也是我的荣耀。然而,你需要知道,当你在享受这个荣耀的同时,你需要肩负起与之相伴的责任,这毫无疑问。如果你不能做到,你就将有愧于这个荣耀,更会辜负众人对你的希望和信任。别忘了,你是标准石油公司的核心,我们事业的最终成败与你有着莫大的

——第 30 封信
做目的主义者

关联,你应当以更高的标准来要求自己做出努力和牺牲。

坦白说,你要想在那个位置上干得出色,得到大家的认同与尊重,你需要学习的东西还有很多。现在,一个迫切需要思考的问题摆在你面前:你自己能否成功掌控这个角色。

每一位领导者都是一位希望大使,是一个向导。面对眼前无法避免的荆棘坎坷,他要肩负起带领部属安全渡过难关的重任。完全不辜负重任,这很难做到。作为领导者,无论是谁,都会面临诸多难题,譬如,堆积如山的工作,排山倒海般滚滚而来的资讯,突发的变故,最高管理层、投资人和客户无止境的要求,难以调教的雇员,始终在变动的挑战,这些会让你分身不暇、疲于奔命。挫折、恐惧和焦虑感会让你茫然失措,以至于你的个人成就和梦想会轰然坍塌。

但是,有时成为一个充满信心与活力的卓越领导者,比成为一个毫无生气、在无助中挣扎度日的领导者更容易,前提是他需要知道如何让部属甘心卖命。注意,是甘心,而不是被迫。

作为标准石油公司的领袖,我既享有权威又享有愉悦,因为我知道,找到可以保证完成任务的人,就等于给自己创造了时间。换句话说,这不仅会让我精力充沛,更重要的是,它会让我有更多的时间去思考怎么能为公司赚更多的钱。

这里面有一个态度问题,行动受态度支配,我们选择什么样的态度,也就决定了我们要采取什么样的行为,至于结果,很快就能见分晓。要改变自己的人生,首先改变自己的态度。改变态度不是一件无法办到的事,你只要始终相信能够做到,你就成功了一半。

明智的人总会选择对自己最有利的态度。懂得驾驭部属的人,总会自问:什么样的态度才能帮助自己实现真正想要的结果?是鼓舞激励的态度?还是同情的态度?他们永远不会选择冷淡或者敌对的态度。

如果你把自己视为高高在上、"顺者昌,逆者亡"的专制君主,你很可能会成为下一个法国国王路易十六。就我而言,为了避免冲突,我从不专横跋扈,或者给自己施加过大的压力。为了达到我所期望的商业成就,我养成了给予部属充分信任和鼓舞士气的习惯,这个习惯能很好地帮助我驾驭部属,达到我的目的。要做到这一点,关键的方法在于,你是否真正懂得如何去设定目标。

我是一个目的主义者,尽管我从不像有些人那样夸大目标的作用,但目标的功能确实在我这里得到了异常重视。在我看来,目标是激发我们潜能的关键,它拥有主导一切的力量。它可以左右我们的行为,激发我们完成任务所必须具备的创造力。明确而坚定的目标,更能让我们专注于所选择的方向,并奋力前进。

我的经验告诉我,一个人的最终表现,很大程度上取决于他所制定的目标的本质和大小,而这个过程中他所做的所有事情几乎与之无关。试着想想看,一场高尔夫球比赛,不可能一杆完成。你需要一洞一洞打过去,你每打出一杆的目的就是使球尽量靠近球洞,越近越好,直到把球送进去。

我领导部属的基本依据就是我的目标,目标就是一切。我习惯在做任何事情之前,都先确立目标,而且我每天都会设定无数的目标,譬如设定与合伙人谈话的预期效果,制定召开会议的成效标准,制订计划实施后达到的预期效果等。当然,在做事之前,我会首先考虑自己设定的目标的合理性。这些事前准备工作,通常都会在我到达公司之时,就已经妥善处理好了。所以,在我心里从未出现过诸如"我没有办法""我不管了""没有希望了"等具有吞噬性的声音。每一天确立的目标,完全消弭了这些招致失败的因素。

如果你不去主动明确制定自己的目标,那么你就会被动或不自觉地选择其他目标,这样做的结果很可能会导致你丧失掌控全局的能力,同时,你也将受制于使你分心或搅乱你的人或事。

没有明确制定目标的情况就好比停泊在码头的一艘游艇,

解开了绳索却忘记了启动引擎。如此，你只能随波逐流，海风、巨浪或其他船只随时都会让你葬身海底。也许对岸有美好的事情在等着你，但是你无法顺利到达对岸去获取它，除非有奇迹出现，但是只等待奇迹出现的人无疑是愚蠢的。如果你确立了目标，那么游艇的引擎同时开启，如此它才能载着你向你选择的方向前进。目标能为人的努力指明方向并增加动力。

想要成为目的主义者，确立目标仅仅是走了一段路程，你还需要走另外的路程，将你的目标透明化。你需要毫无保留地向你的部属说明你的目标——你想要取得的成就、动机以及战略谋划。我正是这样做的，如果我认为谁有必要了解我制定的目标，我便会毫无顾忌地对他加以说明。在每次会谈、会议、报告的过程中或者开始阶段，我都会先表达出我的动机、想法以及期望。

坚持这样做，取得的效果会让你大喜过望。它不仅能使部属清楚你的意图，了解正确的前进方向，更重要的是，当你勇于将目标开诚布公之后，你将收获情感上的忠诚。要知道忠诚是甘心效命的开始。

出色的领导者都善于使用两种无形的力量——信任和尊重。当你诚实地说出你的目标时，你的部属就收到了你传递出的信息："因为我对你有足够的信任，所以我愿意向你表白。"它有着神奇的效果，它将开启信任的大门，而在大门外，你拥抱的不仅是部属的能力，还有来自他们无价的忠诚——凝聚所有力量来帮助你的忠诚。信赖别人并使别人也信赖我，是我一生取得成就的重要原因。

公开你的目标，更能避免有害无利的猜测。如果你不把你的目标明确地告诉给你的部属，他们便会花时间去臆测你的目标。这无疑会影响办事效率，更为重要的是，他们根据所能搜集到的蛛丝马迹进行推测，而这些信息都很容易受到扭曲，以致与事实相悖。如果部属不用花时间去解读你的动机，他们的士气和能力才有机会获得提升。所以，从这个角度上讲，把部属当成"傻瓜"似乎更有利。

公开目标，其力量是无可取代的，它所传达出的不仅是一项声明，同时也是领导者对于个人行为发出的勇敢而坚决的誓言。出自坚决意志与绝对坚韧的目标，往往能够激励部属，使他们带着更优异的表现投入到工作中去。

领导者的工作就是发现企业经营中的问题，而解决问题的力量主要来自部属。如何把部属调动起来，让他们配合完成职责、解决问题是领导者必须首要思考的问题。我认为，将你的目标透明化，热情地对待每个部属，实现自己所期望的目标就不是什么难事了。

目标就好比钻石，如果要体现它的价值，那它就必须是真实的。公开不诚恳的目标只会让事情适得其反。如果一个人滥用这种手段而不加制止的话，那么等待他的苦果就是丧失部属的信赖。这就是公开目标的风险，但是如果你做到了真诚，也就避开了这种风险。

约翰，通往地狱的道路，是由善意铺成的。除非你已经将准备工作做得万无一失，否则这句话很可能成为现实。

爱你的父亲

第31封信
抱怨只会让优秀沦丧

> 在抱怨声中，一支精锐之师也会变成乌合之众！

亲爱的约翰：

如果我告诉你，那位一直不甘示弱、自认为是世界第一富豪的安德鲁·卡内基先生来拜访我，并向我讨教了一个非常严肃的问题，你会不会感到惊讶？事实上，那位伟大的铁匠确实这么做了。

两天前，在我们的基奎特，卡内基先生不期而至。或许是我友善的态度和我们之间轻松的谈话气氛，熔化了卡内基先生钢铁般的自尊，他放下架子问了我一个问题：

"约翰，我知道，你领导着一群很能干的人。不过，我不认为他们的才干无可匹敌，但令我疑惑的是，他们似乎无坚不摧，总能轻松击败你们的竞争对手。我想知道，你究竟施了什么魔法，能让他们拥有那种精神，难道是金钱的力量吗？"

我当时告诉他，金钱的力量固然不可低估，但比之更强大的是责任的力量。有时，行动并非源于想法，而是源自担负的责任。标准石油公司的每一个人都拥有责任感，他们都知道"我的责任是什么，什么办法能让我把事情做得更出色"。我从不对责任或义务发表空泛的谈论，我只是通过我的领导方式来创造具有负责精神的企业。

我本以为，这个话题到此就应该结束了，但我的回答显然挑动了卡内基先生的好奇心，他表情严肃地进一步追问："约翰，那你能告诉我你是怎么做到的吗？"

看着卡内基先生谦逊的神态，我无法拒绝，我必须如实相告。我告诉他，如果我们想要永久持续生存下去，那么这就意味着，不管任何理由，我们领导者都要断然拒绝去责难任何一个人或任何一件事。责难就如同一片沼泽，一旦失足跌落进去，你便失去了立足点和前进的方向，你会变得动弹不得，陷入憎

——第31封信
抱怨只会让优秀沦丧

恨和挫折的困境之中。这样的结果只有一个——失去部属的尊重与支持。一旦落到这步田地，那你就好比是一个将王冠拱手让人的国王，从此失去了主宰一切的权力。

我知道，在摧毁领导者的领导能力的众多敌人当中，责难是头号敌人；我还知道在这个世界上没有常胜将军，不管是谁都将遭遇挫折和失败。所以，当问题出现时，我不会因此感到愤懑不已，我思考的问题只有一个：怎么做才能让情势好转起来？采取什么行动可以补救或者修复我们的失误？积极地选择朝向更高的生产力和满意度前进。

当然，我不会放过我自己。当坏事降临到我们头上时，我会先停下来问自己一个问题：我的职责是什么？抛开一切，对自身角色进行完全坦诚的评估，这样可以避免窥探他人做了什么，或是要求其他人改变什么等毫无意义的行为。事实上，只有将焦点专注在自己身上，我才能将无意中拱手让出的王冠重新收回。

但是，分析"我的职责是什么"并不意味着自责。自责是一种最阴险狡猾的责难陷阱，诸如"那真是一个愚蠢的错误"等自我责难。自责与其他责难一样，只会使我陷入愤恨与不满的圈套之中。事实上，"我的职责是什么"是一个步骤，一个具有强大分析力和自我肯定的步骤。真正的问题不在于他们应该做什么，而在于我应该做什么，当我真正明白这点时，我不会选择自怨自艾，我只会让自己变得更强大。自己的强大，就能削弱别人的影响，看来这不是件坏事。

如果我能将每一个阻碍视为了解自己的一个机会，而不是纠缠于他人对我做了什么的问题上，那么我就能在领导危机的围墙外找到新的出路。

当然，我从不把自己视为救世主，也没有救世主的心态。我自问：我在哪些方面应该对自己负责？在哪些方面，部属们要为我负责？领导者并不是一个全知全能的圣人，因此不可能对所有的事情一概负责。如果我视自己为英勇的正义使者，准备去拯救这个世界，那就只会让自己陷入领导危机之中。在我的责任中，很大一部分是让其他人明白，他们必须承担起他们应有的责任。如果一个雇员对于事关自己切身利益的事情都不在乎的话，我不相信这样的雇员能对出色完成工作有强烈的渴望，那他就应该离开，去为别人服务。

感觉重任在肩，这种压力和使命感能让人不自觉地兴奋起来。责任感可以激发并强化做事的能力，其他任何一件事情都不会有这样的功效。将重大责任托付给部属，并让他了解我给予的充分信任，无疑是对他最大的帮助。所以，我不会将部属必须并且能够负担的责任全部揽在自己身上。

——第 31 封信
抱怨只会让优秀沦丧

我不只是靠示范作用来营造公司层层负责的氛围与风气,我的部属都知道我的基本原则:在标准石油公司没有责难、没有借口!这是我坚持的理念,每一个人都知道。我不会因为他们犯错而对他们作出惩罚,但是我决不能容忍不负责任的行为存在。我们的信念就是要彻底奉行。我们的箴言是支持、鼓励和尊重将被全心接受与加倍颂扬。只会找借口而不提供解决方式,在标准石油公司是无法容忍的。

我们很少犯错误,因为我办公室的大门随时为部属敞开着,他们可以提出明智的意见,或纯粹地发牢骚,但是要用一个负责任的方式。这样的结果会让我们彼此信任,因为我们了解所有的事都需要摊在阳光下来讨论。

卡内基先生是位优秀的老学生,他没有让我的时间白白地浪费掉。在我结束这个话题时,他说:"在抱怨声中,一支精锐之师也会变成乌合之众!"他真聪明。

约翰,几乎所有的人都有推脱真正责任的防御心理,以致推脱责任的现象处处可见。它贻害无穷,避免和防御其危害的方法就是倾听。

如何创造一个舒适的环境,让大家觉得开诚布公远比隐藏虚实好,这是作为一个领导者必须面对的最大挑战。主动邀请其他人陈述他们的想法,用一些诸如"再多说一点",或是"我真的想听听你的意见"的话语来鼓励他们说出自己的想法。和一般人所相信的恰恰相反，在对话中，拥有权力的人是聆听者，而非陈述者。

难以置信吧？想想看，陈述者的语调、焦点还有内容，事实上都取决于你倾听的方式。

试想一下，和一个面露敌意且肢体呈现侵略性姿态的人以及一个对你表示全神贯注的人说话时，两者之间有什么差异？当你单纯地聆听其他人说话时，你卸下了你的防卫。你会得到这些好处：你对有攻击性或愤怒的语言的背后隐含的议题，会有着更透彻的了解。你可以得到更多的信息，而这些资讯可以改变你对整个事件来龙去脉的假设。你会有更多的时间来整理思绪。

陈述者会感觉你重视他们的观点。最令人兴奋的是，当你专注地倾听之后，原来的陈述者也会更愿意聆听你的意见。

真实的倾听是不具任何防御性的。即使你不喜欢这个信息，你也应该倾听了解，而非立即作出回应。专注地倾听不太像是一种技巧，它比较像是一种态度。滑雪的人在遭遇障碍时，他们每一秒钟都在投入百分之百的注意力，绝对不会分神去思考一会儿他要对伙伴说什么。同样的，作为一名积极的倾听者，你贡献百分之百的注意力给另外一个人，不会出现想到什么就

— 第 31 封信
抱怨只会让优秀沦丧

脱口而出的情况。如此一来，你去除了先入为主的观念，并敞开心扉开始一段更有意义和更有效果的对话。

长久以来，我们塑造了生活也塑造了自己。这个过程将会持续下去，我们最终都将为自己的选择负责。就如"目的"决定你的方向，拒绝责难将开拓一条实现目标的大道。

爱你的父亲

第 32 封信
让合适的人出现在合适的地方

> 我的目的是要在每位部属身上找出我所重视的价值,而不是那些我不愿意看到的缺点。我找出每个员工值得重视的优点,并致力于将员工的优点转化成出色的才能,而不会试图修正他们的缺点。所以,我总是拥有能力健全而又乐意奉献的部属。

亲爱的约翰:

收到你的来信让我感到非常兴奋,因为对于一直帮助我成就事业的处世哲学——做你喜欢做的事情,至于其他的事情,就交给喜欢做这件事的人去完成——你似乎已经读懂它了。

就我而言,做自己喜欢做的事情,是一项无可非议的定论。如果要想激发部属发挥胜任工作的能力,你绝对不能依赖某些

第32封信
让合适的人出现在合适的地方

管理技巧,而是要采用一种更具效能的宏观调控方式。在这一方面,做自己喜欢做的事情,这一定论给了我不少启发。

具体而言,就是不让部属拘泥在程序化刻板的工作职务上,而是要想办法利用每个人的长处并诱发他们将热情倾注在工作之中,来创造高效的生产力。这就是我的制胜之道。

在我读书时,有这样一句话让我印象深刻,书上说:"最完美的人就是那些彻底投身于自己最擅长的活动的人。"后来,我对这句话略加改造,使其成为我的一个管理理念:最能创造价值的人就是那些彻底投身于自己最喜欢的活动的人。

我说过,每个人都有忠于自己的天性,都渴望成为理想中的自己,而他们实践忠于自己的方式就是做自己喜欢做的事。遗憾的是,很多管理者并没有注意到这一点,他们对于员工忠于自己的祈求置若罔闻,结果往往是事倍功半,因小失大。

其实这很好理解,如果你不将时间投入到你喜爱的事情上,你就绝不可能感到自我满足;如果你得不到自我满足,你就将失去生活的热情;生活的热情一旦消失,那么生活的动力也将随之而去。对一个失去工作热情和生活动力的人,你要指望他能出色地完成工作任务,就好比期望一个停摆的闹钟去准确报时一样可笑至极,你的期望只会换回失望。

所以,每时每刻我都不忘给手下忠于自己的机会——燃烧他们的热情，让他们的特别才干在自己喜欢的领域内发挥到极致，而我自己从中收获的，恰恰是财富与成就。忠于自己就意味着，有机会去赢得人生中最伟大的一场战役，谁会放过这样的机会呢？

要让自己的部属发挥工作热情，你必须知道自己作为领导者的职责所在。

你的职责就在于关注与激励部属的优点与才干并让这些优势得以充分发挥，而不是紧紧地盯住他们的弱点。我没有挑出部属最脆弱的特质这种恶习，相反，我总乐意去寻找他们最坚强的特质，让他们的才干充分地展现在工作的挑战与需求上。我重用阿奇博尔德先生就很好地证明了这一点。

与有些人不同，我不以自己感情上的喜恶作为选拔人才的标准。选拔人才，我并不会在乎他身上贴着什么标签和头衔，我看中的是他在工作中展示出来的能力。自己的喜恶固然重要，但我更喜欢效率。

阿奇博尔德绝不是一个完美的人，他嗜酒如命，这点大大地忤逆了我，因为我是个禁酒主义者。但是，阿奇博尔德具备非凡的领导才能和天赋，他头脑机敏、乐观幽默，而且在激烈的竞争中，他那出众的口才和胆大心细的性格无疑是对胜利的保证。

第32封信 让合适的人出现在合适的地方

所以在从对手变为合伙人之后,我一直对他兴趣浓厚,我不断地委之以重任,直至提拔他接替我的职务。

他已经证明了自己是一名天才的领导者,他的职业生涯是那样特殊。如果不是不良习惯有所掣肘,他的成绩将更加出色。

我的目的是要在每位部属身上找出我所重视的价值,而不是那些我不愿意看到的缺点。我找出每个员工值得重视的优点,并致力于将员工的优点转化成出色的才能,而不会试图修正他们的缺点。所以,我总是拥有能力健全而又乐意奉献的部属。

约翰,没有人是无所不能的,现在你是一位管理者,你的成就依赖于你领导能力的发挥,依赖于你部属做事才能的发挥。你需要知道,在你的部属身上也许可以挑出许多毛病,但这并不是你应该关注的地方,你要专注于发掘每个人潜在的优点,注意他们在每个细节上的杰出表现,以及他们为了将事情做得出色,而对完美主义近乎苛求的坚持。这是你领导力的优势所在。

一个人不能主宰一个集体。我不否认领导者的巨大作用,但就整体而言,取胜的关键还在于依靠集体的力量。我所取得的任何荣誉,其背后都站着一个集体,而绝非我个人。也只有众人都付出努力、发挥自己的才干，才能相信并期待奇迹的出现。

祝你好运！我的儿子。

爱你的父亲

第33封信
永远做策略性思考

> 不论我们是为公司还是为单一部门拟定计划,我们都必须确认自己所拟定的是策略,而非手段。策略的本质是弹性的、长远的、多面向的、大格局的。它们强调的是如何成长或扩大利润这类的成果,而不是某个可衡量的目标。同时策略所提供的是一个大方向,而非达到成功的唯一方式。

亲爱的约翰:

汉密尔顿医生又发福了,看来高尔夫运动已无法阻止腰围向外扩张的态势,他只能求助于其他运动方式来减少脂肪的含量了。不幸的是,能防止他增重的运动还没被发明,这令他很痛苦。不过,他倒是总能用他脑子里各种稀奇古怪的故事为我们带来快乐。

今天，汉密尔顿医生用一个渔夫与垂钓者的故事，好好地让我们娱乐了一把。或许是大家捧腹大笑的场景让汉密尔顿医生颇为得意，他笑着问我："洛克菲勒先生，您是想做渔夫呢，还是想做垂钓者？"

我当时告诉他，如果我选择做垂钓者，或许我就没有资格站在这里与诸位一同打高尔夫了。因为我所创造的商业利益，是来自于有效的行为策略，垂钓者的行为方式不能作为我事业成功的保证。

当然，我的意思并不是说垂钓者只会愚蠢地丢下鱼饵而不进行事先的思考与计划，每一个垂钓者都会作出他们的思考与决定，譬如要钓哪种鱼，用什么样的饵料，需要将鱼线抛到一个什么样的位置，而后他们才坐等大鱼上钩。就过程而言，他们没有任何出错的地方，但结果是否如愿却没人知道。

花上一段时间后，他们也许会钓到鱼，也可能会徒劳无功、两手空空，而那条他们理想中的鱼，也许永远不会上钩。因为他们太执着于自己的方式，尽管他们很清楚自己的目标，但是成功的可能性被他们的方式加以限制——除了那条鱼线所能触及的地方，他们捕鱼的范围几乎等于零。不过，如果能像渔夫那样用网捕鱼，捕鱼的范围将大大增加，而丰富的鱼量也为他们提供了众多的选择机会，捕获他们想要的鱼的概率就大大增

第 33 封信
永远做策略性思考

加了。

我告诉汉密尔顿先生和我的球友们,我不是刻板固执、按部就班、以简单方式来解决问题的垂钓者,而是渔夫,我能够创造多种选择,直至挑选出最能创造商业利益的鱼。他们都笑了,说我泄露了赚钱的秘密。

约翰,不论你做什么,要找出完美想法的最佳途径,就得先拥有许多想法。在作出最完美的决定之前,我会致力于寻找具有创意与功效的各种可能性选择,考量多种可能性方案,并积极尝试各种选择,然后才将重点放在最好的选择上。

这种做法总能帮助我捕获到我想要的大鱼。当然,在执行计划的过程中,我也会保持开放策略,顺应时势,不断地调整或修正我的计划。所以,即使计划进展并不顺利,我也不会惊慌失措,却总能沉着应对。

很多人都认为我有着非凡的能力,是一位充满效率与行动能力的领导者。如果真是这样,我想你也可以获得这样的赞誉,只是你需要克制找寻简单、单向解决方案的冲动,乐于尝试能达成目标的各种可能性办法,拥有在困难面前付诸行动的耐心、勇气和胆略,以及不达目的决不罢休的执着精神。

把计划单纯地固定成模式的人只配给策略者提鞋。作为总裁,我只为部属设立清楚明确的方向或策略,但不会让自己陷于过分僵化的行动计划中。相反地，我会持续探索能够实现策略的各种可能性。

许多人都坚持认为，成功的关键在于扎实而清晰的策略计划，而这项计划必须由具体、可衡量、可达成以及实际的行动目标作为依据。我承认这样做很重要，但它有致命的缺陷。计划强调的是判断的标准与预设的成果，人们所采取的行动也是认为可达成目标的固定方法。由于这些方案依据的是预期能达成目标的已知方法，因此我们在开始行动之前，其实已经局限了范围。

尽管在我们提笔拟定计划之际，该计划看起来似乎天衣无缝，但是局势在计划定稿之前可能已经转变了，也就是说，不仅市场的状况早已改变，客户已经改变，就连所能支持计划的资源也已改变。难怪这些成本高昂，又耗时费力的策略，仅有极少的部分能真正被执行。

要如何应对这种状况呢？不论我们是为公司或是单一部门拟定计划，我们都必须确认自己所拟定的是策略，而非手段。策略的本质是弹性的、长远的、多面向的、大格局的。它们强调的是如何成长或扩大利润这类的成果，而不是某个可衡量的目标。同时策略所提供的是一个大方向，而非达到成功的唯一方式。

——第33封信
永远做策略性思考

要成为杰出的领导者,我们必须让自己成为一位策略型的思考者,而不仅是手段的设计者。我们还得避免将自己局限于既定的文件流程中,我们的座右铭是专注,但是这个专注具有弹性空间。我们着重于探索的过程,每时每刻,我们都能开创有助于达成长远目标的可能方向。

我们不会固守三种或五种方式来达成长远目标,而是无时无刻都能发掘获取利润的机会——不论是在与对手交谈,还是与部属进行头脑风暴的会议中。

为了远离危机风暴,我们必须不断地拟定新的策略,同时调整旧有的计划。为了应对每天都在改变的商业环境,我们必须依据情势的变化来修正长远的计划。这样在短期内我们不但能保持弹性的作风,同时从长期来看,我们对一个能符合最新经济环境的弹性理想目标,也有了清楚的概念。我们可将陈腐的策略计划束之高阁,并且精力充沛、满怀希望地在朝气蓬勃的环境中步调一致地向前迈进。

要做一名乐观主义者。无论情况看起来有多糟糕,请擦亮眼睛找出其中蕴含的无限希望——永远不要放弃寻找,因为希望永远存在。

我相信所有的领导者都肩负着提供希望的责任,而且不但要替自己,同时也要为雇员指引出一条发展道路。回想一下生命中你感到最没有希望的那段时日,那很可能是因为你觉得自己已经走投无路,或者相信自己没有任何其他选择,你被困住、被放弃,找不到出路。

克服绝望的方式只有一种,面对障碍,你必须持续创造出各种可能的解决办法。简单地说,希望源自相信有其他可能的存在。

杰出的领导者具备能够应付特定商业状况的腹案、创造新市场的计划、应对危机的智慧,以及为自己与员工发展事业的蓝图。当局势似乎跌到谷底而无可挽回时,他们就像骁勇善战的摔跤手一样,即使被对手压制在地、难以脱身,他们也永远不会放弃任何能够翻身的机会。

凭借着他们的才能、灵活的身段,以及随机应变的智慧,他们巧妙地找到空隙并逃脱险境。他们在别无选择的劣势下,硬是杀出一条生路。

如果你能在一开始就勇于发挥创意,就能够避免无止境地疲于奔命、挫折与痛苦。

当你看到绝境时,事情似乎到了无可挽回的地步。如果我们始终保持坚定的希望,我们就能超越自我设定的界限,并且可以为自己的部属提供选择的机会。所以,在面对困境时,我们要做的就是坚信自己能找到机会并借此开拓一条生路。

爱你的父亲

第 34 封信

始终把部属放在第一位

> 薪水和奖金的确非常诱人，然而对一些人来说，金钱并不能激起他们为之效命的欲望，但给予重视却能达到这个目的。在我看来，每个人都渴望受到重视，赢得他人的尊重，希望自己的价值得到肯定，每个人的脖子上都挂着一幅无形的标志，上头写着——重视我！

亲爱的约翰：

想象一下这样一个场景：一位交响乐团的指挥，准备让买票进场的观众欣赏一场高水准的演出，但是他却转身面向观众，留下音乐家们独自奋战、辛苦演奏，结果会怎么样？

是的！这注定是一场最糟糕的音乐会。因为指挥没把音乐家们放在眼里，音乐家们就会用消极怠慢的态度来回应他，以表示"感谢",事情注定会搞得一团糟。

每个雇主就像是一位乐团的指挥,他做梦都想激励、调动起所有雇员的力量,使之尽可能多地做出贡献,帮助他演奏出赚钱的华丽乐章,让他赚到更多的钱。然而,对许多雇主而言,这注定是一场难以实现的梦,因为他们就像那位愚蠢的指挥一样,忘了善待雇员,以致轻松地关闭了雇员们情愿付出的大门。

同他们一样,我期望所有的雇员都能像忠实的仆人那样,全心全意为我作出更多的贡献。但是,我比他们聪明许多,我非但不会无视雇员的存在,反而会认真看待他们,准确地说,在我的脑子里始终把为我拼命的雇员摆在第一位。

坦白地说,我没有理由不善待那些雇员,是他们用双手让我的钱袋鼓了起来;我也没有理由不去感激他们,因为他们为我的事业作出了努力与牺牲,更何况我们这个世界本来就应该充满温情。

我爱我的雇员,我从不高声斥责、侮辱谩骂他们,也不会像某些富人那样在他们面前颐指气使、不可一世,我用温情、平等与宽容来对待我的雇员,所有这些合成一个词就叫尊重。尊重别人是满足我们道德感的需要,但我发现它还是激发雇员努力工作的有效工具。标准石油公司的每个雇员都为公司竭尽全力地工作,这一事实让我坚信:给予人们应得的尊重,他们

第34封信
始终把部属放在第一位

就能彻底发挥他们的潜能。

人性最基本的一面,就是渴望获得慷慨相助。我本人克勤克俭,却从没忘了要慷慨地向他人施以援手。记得那次经济大萧条时,我曾数次借债来帮助那些走投无路的朋友,让他们的工厂和家人平安度过了危机。而在我的记忆中,我从来没有催债和逼债的记录,因为我知道心地宽容的价值。

至于对雇员,我同样慷慨和体恤,我不但发给他们比任何一家石油公司都要高的薪金,还让他们享受退休金制度,这能保证他们老有所依。此外,我还给予他们每年约见老板要求为自己加薪的机会。我不否认,在付出慷慨的援助时,我怀有功利心,但我更知道我的慷慨将换来雇员生活水准的提升,而这恰恰是我的职责之一,我希望每一个为我做事的人都因我而富有。

雇主就是雇员的守护神,雇员的问题就是我的问题,我握有选择权,我可以选择忽略他们的需求,也可以选择满足他们的需求,但我喜欢选择后者。我总试图了解雇员需要什么,接着就想办法满足他们的需求。我不断询问他们两个问题,"你需要什么"和"我可以帮上什么忙"。我随时都在旁边关心他们。对我来说,这个职务最大的乐趣之一,就是我能为雇员提供一臂之力。

薪水和奖金的确非常诱人，然而对一些人来说，金钱并不能激起他们为之效命的欲望，但给予重视却能达到这个目的。在我看来，每个人都渴望受到重视，赢得他人的尊重，希望自己的价值得到肯定，每个人的脖子上都挂着一幅无形的标志，上头写着——重视我！

我无法想象一个人在工作或在家庭中不被重视的痛苦，我的目的是要让每个人在工作时都能如沐春风。所以，我就像个要侦查出破案线索的侦探，不停地搜索每个雇员引以为豪的才能。当我了解到他们认为自己最值得重视的才能后，我就会给予他们重任。一个善于激励雇员作出最大贡献的雇主，要让雇员看到，追随或者效忠于你是有希望、有前途的，你要时刻提醒自己，给予重视、委以重任其实是能让雇员发挥工作热情的关键。

做和善、体贴的雇主，可以使雇员精力充沛，斗志昂扬。而对雇员时常表示谢意，似乎也很有作用。没有一位雇员会记得五年前得到的奖金，但是有许多人对雇主的赞美之词，会永远铭记在心，我会毫不吝惜向他们表达心中的感激之情。没有一件事的影响力，比及时而直接的感谢来得更为深远。

我喜欢在部属桌上留一张便条，上面写着我的感谢词。对于我用一两分钟信手写来的感激之语，我可能早已不记得，但

第34封信
始终把部属放在第一位

是我的感激之意却会产生鼓舞人心的效果。多少年后，他们还都能记得我这个慈爱的领导者留给他们的温暖鼓励，并视其为一个珍贵的箴言。一个简单的感谢便条就能展现出强大的力量，这就是一个很好的证明。

我绝对会认真看待我的部属，包括他们在工作和个人方面的问题。我了解，毕竟每个人的能力有限，因此当我尽力为部属解决问题的同时，相对地，他们就可以作出更多的贡献。

约翰，现在你已经是一位领导者，你的成就来自你的领导能力，也来自雇员们的能力的发挥，我相信你知道该怎么做。

爱你的父亲

第 35 封信
财富是种责任

> 我没有将自己视为拯救者,更没有自命不凡、不可一世,只有傻瓜才会因为有钱而自命不凡,因为我是公民。我知道,我拥有巨大财富,我也因它而承担着巨大的公共责任,比拥有巨大财富更崇高的是,按照祖国的需要为祖国服务。

亲爱的约翰:

非常高兴,一场险些酿成毁灭性灾难的金融危机终于过去了!

现在,我想我们那位美利坚合众国总统西奥多·罗斯福先生,可以继续到路易斯安那心安理得地打猎了,尽管在这场危机中,他表现出了令人吃惊的无能。当然,总统先生并非什么

——第 35 封信
财富是种责任

都没有做,他用"担忧"支持了华尔街。我们纳税人真是瞎了眼,竟然把这么一位纽约"混混"送进了白宫。

坦率地说,一提到西奥多·罗斯福的名字,以及他对标准石油公司所做的一切,就令我感到愤懑。他是我见到的最狭隘、最富有报复心的小人。是的,这个小人得逞了,他用手中的大权策动一场不公平的竞争,并让自己成为胜者。他让联邦法院开出了那张美国历史上前所未有的巨额罚单,并下令解散我们的公司。看看这个卑鄙的人都对我们做了什么!

然而,我相信,他所谓的惩戒终归不会得逞,反倒会使他感到大为懊丧,因为我相信我们公司所有的人不是毫无能力的垃圾。我们有杰出的管理队伍、有充足的资金,我们可以抵御任何风险与打击,公司的健壮体质依然能为我们带来源源不断的财富。等着瞧吧!我们会有暗自窃喜的时候。

但是,我们的确受到了伤害,受到了极不公正的对待。西奥多指责我们是拥有巨富的恶人,那位法官大人侮辱我们是臭名昭著的窃贼,好像我们的财富是密谋掠夺来的。错!那些愚蠢的家伙对大企业的建立过程毫不知情,他们也不想知道。我们每一分钱都渗透着我们的智慧,我们每前进一步都付出了辛勤的汗水,我们事业大厦的基石是我们用生命作奠基的。但他们不想听,却要像偏执狂一样,只相信他们自己低能的判断,带有侮辱性地贬低我们的经商才能,更无视这样一个事实,是我们用最廉价、最优质的煤油照亮了整个美国。

我知道,不到大有斩获,西奥多是不会停止挥舞他手中的长剑的,因为他拒绝了我们的和解建议。但我无所畏惧,因为我问心无愧,而最坏的结果也只不过是我们辉煌而快乐的大家庭不得不迫于他手中的强权而遭到拆散。但快乐不会停止,辉煌也不会消失,建立在现实基础上的未来将证明这一切。

毫无疑问,我们正在承受着前所未有的迫害,来自罗斯福政府的迫害。但是,我们不能感情用事,不能用愤怒闭塞了心智,当危机来临时我们永远不能袖手旁观,那会让我们感到耻辱和良心不安,我们应该挺身而出。因为我们是美利坚合众国的公民,我们有使国家和同胞免于灾难的职责。而作为富人,我知道,巨大的财富也是巨大的责任,我肩负着造福人类的使命。

这次金融危机席卷华尔街,处于恐慌之中的存款人排起长队要从银行取走存款。一场将导致美国经济再次进入大萧条的危机来临的时候,我预感到国家已陷入双重危机:政府缺乏资金,民众缺乏信心。此时此刻,"钱袋先生"必须要为此做些什么,我打电话给斯通先生,请美联社引用我的话,告诉美国民众:我们的国家从不缺少信用,金融界的有识之士更视信用为生命,如果有必要,我情愿拿出一半的证券来帮助国家维持信

——第35封信
财富是种责任

用。请相信我,金融地震不会发生。

幸运的是,危机已经过去,华尔街已经走出困境。

而我为这一刻的到来,做了我该做的事情,就像《华尔街日报》评论的那样,"洛克菲勒先生用他的声音和巨额资金帮助了华尔街"。只是,有一点永远都不会让他们知道,在克服这次恐慌中,我是掏钱最多的人,这令我非常自豪。

当然,华尔街能成功度过此次信用危机,摩根先生可谓功勋卓著,他是这场战争中不折不扣的指挥官,他将一群商界名士聚集起来共同应对危机,用他不可替代的金融才能和果敢的个性拯救了华尔街。

所以我说,美国人民应该感谢他,华尔街的人应该感谢他,西奥多·罗斯福更应该感谢他,因为摩根替他做了本该他做却因无能而没有做的事。

如今,很多人,当然还有报纸,都对慷慨解囊的人们大加赞誉,但在我这里它一文不值。良心的平静才是唯一可靠的报酬,国难当头,我们本该当仁不让、勇于承担。我想那些真诚伸出援手的人们同我一样,我们只是想用自己的力量、信仰与忠诚照耀我们的祖国。

但我并非没有可耻的记录。在46年前,当许许多多的美国青年听从祖国召唤,忠诚奔赴前线,为解放黑奴、维护联邦统一而战的时候,同样作为青年,我却以公司刚刚开业、我的家人要靠它养活为由,未去参战。

这似乎是一个让人心安理得的理由,但那时国家需要我们,需要我们流血。

这件事一直让我良心不安,直到十几年前那场经济危机的到来,我才得以有救赎的机会。当时,联邦政府无力保证黄金储备,华盛顿转而向摩根先生求助,但摩根无能为力,是我拿出巨款资助政府一臂之力才平息了那场金融恐慌。这让我非常高兴,比赚到巨额资金都让我高兴。

但我没有将自己视为拯救者,更没有自命不凡、不可一世,只有傻瓜才会因为有钱而自命不凡,因为我是公民。我知道,我拥有巨大财富,我也因它而承担着巨大的公共责任,比拥有巨大财富更崇高的是,按照祖国的需要为祖国服务。

约翰,我们是有钱,但在任何时候,我们都不该恣意花钱,我们的钱只用在给人类创造价值的地方,而绝不能给任何有私心的人一点点好处。当然,我们也绝不再给共和党人捐款助选,那个西奥多·罗斯福已经把我们害苦了。

名誉和美德是心灵的装饰,如果没有它,即使肉体再美,也不应该称之为美。

爱你的父亲

第36封信
充实你的心灵

> 引领人们爬向高峰的动力,是一种定期滋润与强化心灵,因而日趋旺盛的驱动力。那些拥有成功人生的人,无疑都能体会到,高峰有很多空间,但是没有足够的空间供人坐下停留。他们了解,心灵像身体一样,必须定期供给营养才行,身体、心理与精神方面的营养,都要分别照顾到。

亲爱的约翰:

就像我们有身体上的食欲一样,我们也有精神上的食欲。但许多人却常常以没有时间为借口,让自己的心灵忍受饥饿的痛苦。他们只在意外或偶然的情况下才去充实一下自己的头脑,但却时刻不忘满足他们脖子以下的需求。

也许我的看法有些悲观,我们所处的时代,人人都在无限制地满足脖子以下却忽视脖子以上的需求。事实上，你会经常听到有人说"漏吃一顿午餐是件大事"，却听不到这样一种声音：最后一次满足心灵饥渴是在什么时候。难道我们每个人都精神富足吗？当然不是。

在我们这个世界上，精神匮乏的人随处可见，那些生活在沮丧、消极、失败、忧郁中的人，他们都迫切需要精神的滋养和灵感的召唤，但他们几乎全都排斥充实他们心灵的机会，任由心灵黯淡无光。

如果空虚的头脑能像空虚的肚子一样，要填满一些东西才能让主人满足的话，那该有多好。可惜，事情并不是这么简单，人们反要接受心灵空虚的惩罚。

心灵是我们每个人真正的家园，我们是好是坏都取决于她的抚育。因为进入这个家园的每一件东西都有一种效用，都会有所创造，为你的未来做准备；或者会有所毁灭，降低你未来可能的生命成就。

每一个达到高峰或快达高峰的一流人物都是积极的，他们之所以积极，是因为他们定期地以良好、清洁、有力、积极的精神思想充实心灵。就像食物成为身体的营养一样，他们不忘每天为心灵提供精神食粮。他们知道如果能充实脖子以上的部分，就永远不愁填饱脖子以下的部分，甚至不必忧愁老年的财务问题。

一个人必须找到自己的家，才不至于去流浪或沦为乞丐。首要的是，即使你要出卖心灵，也要卖给自己。我们要接纳自己。其次我们要有积极的态度。

两年前，卡尔·荣格先生与我不期而遇，这位心理学家给我讲过一个故事。

有一个人被洪水困住了，他只得爬到屋顶上避难。邻居中有人漂浮过来说："约翰，这次大水真是太可怕了，难道不是吗？"

约翰回答："不，它并不怎么坏。"

邻居有点吃惊，就反驳说："你怎么说不怎么坏？你的鸡舍已经被冲走了。"

约翰说："是的，我知道，但是六个月以前我已经开始养鸭了，现在它们都在附近游泳。每一件事情都还好。"

"但是，约翰，这次的洪水毁了你的庄稼。"邻居坚持说。

约翰回答说："不，并没有。我种的庄稼因为缺水而受损，就在上周，还有人告诉我，我的土地需要更多的水，所以这下就解决了。"

那位悲观的邻居再次对满脸微笑的约翰说："但是你看，约翰，大水还在上涨，就要涨到你的窗户上了。"

乐观的约翰笑得更开心了，说："我希望如此，这些窗户实在太脏了，需要清洗一下。"

这听起来像个玩笑，但显然这是一种境界——决定以积极的态度来应对这个纷繁复杂、顺逆起伏的世界。一旦达成这种境界，即使遇到消极的情况，我们也能使心灵自动地作出积极的反应。为达到这种境界，我们只有充实、洁净我们的心灵。

每个人都能改变或被改变。荣格先生说，只要改变一个人的词汇，就能增加他的收入并改善他的生活，乃至改变他的人生。例如"恨"这个字，要把它从你的字汇中除去，不要想它，而是以代表感觉与梦想的"爱"字来代替它。显然，那些应该除去与取代的文字，几乎是永无止境的，但心灵却会在除去与取代中变得更加纯净、积极。

我们心灵的行为，以供应她的事物为根据。我相信，放进心灵中的事物对我的未来非常重要。所以问题显然是：我们要怎样喂养我们的心灵——找什么时间去补充什么样的精神食粮。

你是否听到过这样一件事情，伐木者的产量会下降，那是因为他没有抽出时间来磨利他和他的斧头？我们花费金钱以及大量时间，去修饰脑袋的外表，刮胡须，理头发，我们有没有必要花同样的时间和金钱，来对我们脑袋的内部进行装饰呢？答案是肯定的，而且可以做到。

第36封信
充实你的心灵

事实上，精神食粮随处可得，例如阅读书籍就是一个很好的途径。由伟大的心灵撞击而写成的书籍，没有一本不是洗涤并充实我们心灵的食粮，它们早已为后人指明了方向，而我们可以任意挑选其中我们想要的。伟大的书籍就是伟大的智慧树，是伟大的心灵之树，我们将在其中得以重塑，学会谦逊，变得聪明。

当然，我们不能读那些文字商人的书，他们的书就像瘟疫一般，散布着无耻的邪念、讹误的消息和自负的愚蠢，他们的书只配捧在那些浅薄、庸俗的人的手里。我们需要的是能给我们带来行动的信心与力量，能够将我们的人生推到另一个新高度，引导我们行善的书，例如《奋力向前》。

它是一部激荡我们灵魂、激发我们生命热情的伟大著作，我相信美国人民都将因它的问世而备受惠泽，并在它的指引下，以最积极的方式运用自身的力量，抵达梦想的生命之境。我甚至相信，谁错过读它的机会，谁就很可能错过伟大的人生。我希望我的子孙都能去读这本书，它能为所有的人开启幸福快乐之门。

引领人们爬向高峰的动力，是一种定期滋润与强化心灵，因而日趋旺盛的驱动力。那些拥有成功人生的人，无疑都能体会到，高峰有很多空间，但是没有足够的空间供人坐下停留。

他们了解，心灵像身体一样，必须定期供给营养才行，身体、心理与精神方面的营养，都要分别照顾到。

约翰，没有谁可以阻挡我们回家的路，除非我们不想回来。让心灵之光照耀我们前进的路。

爱你的父亲

第37封信
谁都有机会成为大人物

> 思考最多、感觉最高贵、行为也最正当的人，生活也过得最充实！

亲爱的约翰：

在《马太福音》中有一句圣言，"你们是世上的盐"。

这个比喻平凡而又发人深省。盐，食之有味，又能洁物、防腐。人们来到世界上，就是要净化、美化我们所在的世界，我们要让这个世界免于腐败，并给予世人更新鲜、更健康的生活气息。

盐的首要责任是有咸味，盐的咸味象征着高尚、有力、真正虔诚的宗教生活。那么，我们应该用我们的财富、原则和信仰做什么呢？无疑，我们要做世上的盐，去积极地服务社会，使世人得福。这是我们每个人的社会责任。

我们现在的责任，就是完全献身于周围的世界和众人，专心致志于我们的艺术。我想没有比这个更伟大的了。

谈到伟大，我想起了一篇伟大的演讲词，那是我一生中不多见的伟大的演讲词。它告诉我，人没有什么了不起，但没有什么比人更了不起了，这要看你为你的同胞和国家做了什么。

现在，我就把这篇伟大的演讲词抄录给你，希望它能对你大有裨益。

女士们，先生们：

今天我很荣幸能在这里会晤一些大人物。尽管你们会说这个城市没有什么大人物，大人物都出生在伦敦、旧金山、罗马或其他大城市，就是不会出自本地，他们都来自这个城市以外的地方，如果是这样，你们就大错特错了。事实是我们这里的大人物和其他城市一样多。在座的听众里面就有许多大人物，有男也有女。

现在，请允许我大胆放言，在判断一个人是不是大人物时，

——第37封信
谁都有机会成为大人物

我们常常犯的最大错误就是,我们总是认为大人物都有一间宽敞的办公室。但是,我要告诉你们,这个世界根本不知道什么样的人是世上最伟大的人物。

那么,谁才是世界上的伟大人物呢?年轻人或许会急于提出这样的问题。我告诉你们,大人物不一定就是在高楼大厦里设有办公室的人,人之所以伟大是在于他本身的价值,与他获得的职位无关,谁能说一个靠吃粮食才能生存的君王比一个辛勤耕作的农夫更伟大呢?不过,请不要责备那些位居某种公职便以为自己将成为大人物的年轻人。

现在,我想请问在座的各位,你们有谁打算做一个伟大的人物呢?

那个戴西部牛仔帽的小伙子,你说你总有一天要成为这个城市的大人物。真的吗?

你打算在什么时候实现这个心愿呢?

你说在发生另一场战争的时候,你会在枪林弹雨中冲锋陷阵,从旗杆上扯下敌人的旗帜,你将在胸前挂满勋章,荣归故里,担任政府褒奖给你的公职,你将成为大人物!

不,不会的!年轻人,你这样做并不是真正的伟大,但我们不应该责备你的想法,你在上学时就受到这样的教导,那些担任官职的人都曾经英勇地战斗。

我记得，美国与西班牙的战争刚结束时，我们这个城市有过一次和平大游行。人们告诉我，当游行队伍走上布洛大街时，有辆四轮马车在我家大门口停下来，坐在马车上的是霍普森先生，所有人都把帽子抛向天空，挥舞着手帕，大声地叫："霍普森万岁！"如果我当时在场，也会这样叫喊，因为他应该获得这份伟大的荣誉。

但是，假设明天我到大学讲坛上问大家："小伙子们，是谁击沉了'梅里马克号'？"如果他们回答："是霍普森。"那么他们的回答是八分之七的谎言，因为击沉"梅里马克号"的总共有八个人，另外七个人因为职位的关系，一直暴露在西班牙人的炮火攻击之下，而霍普森先生身为指挥官，很可能置身于炮火之外。

我的朋友们，今晚在座的听众都是知识分子，但我敢说，你们当中没有一个人能说得出与霍普森先生在一起战斗的那七个人是谁。

我们为什么要用这种方式来教授历史呢？我们必须教导学生，不管一个人的职位多么低微，只要尽职尽责，美国人民颁给他的荣耀，就应该和颁给一个国王的一样多。

一般人教导孩子的方式都是这样的，她的小儿子问："妈妈，那栋高高的建筑物是什么？"

第 37 封信
谁都有机会成为大人物

"那是格兰特将军的坟墓。"

"格兰特将军是什么人?"

"他是平定叛乱的人。"

历史怎么可以这么教授呢?各位想一想,如果我们只有一名格兰特将军,战争打得赢吗?哦,不会的。那么为什么要在哈德逊河上造一座坟墓呢?那不是因为格兰特将军本人是个伟大人物,坟墓之所以建在那里是因为他是代表人物,代表了20万名为国捐躯的英勇将士,而其中许多人和格兰特将军一样伟大。这就是那座美丽的坟墓耸立在哈德逊河岸边的真正原因。

我记得一件事,可以用来说明这种情况,这也是我今晚所能想到的唯一一个例子。这件事令我很惭愧,无法将其忘掉。我现在把眼睛闭上,回溯到1863年,我可以看到位于伯克郡山的老家,看到牛市上挤满了人,还有当地的教堂和市政厅也都挤满了人。

我听到乐队的演奏声,看到国旗在飞扬,手帕在迎风招展。我对当天的情景记忆犹新。人群是来迎接一个连的士兵的,而那个连的士兵也正在列队前来。他们在内战中服完一期兵役,又要再延长一期,现在正受到家乡父老的欢迎。我当时只是个年轻小伙子,但我是那个连的连长。在那一天,我洋洋得意,像个吹足了气的气球——只要一根细细的针,就可以将我扎破。

我走在队伍前列，我比世上任何一个人都骄傲。

我们列队走入市政厅，他们安排我的士兵坐在大厅中央，我则在前排就座，接着当地的官员列队从拥挤的人群中走出来，他们走到台上，围成半圆形坐下，市长随后在那个半圆形的中央位置坐下来。他是个老人，头发灰白，以前从未担任过公职。他认为，既然他担任公职，他就是一个伟大的人物。当他站起来的时候，他首先调整了一下他那副很有分量的眼镜，然后以无比威严的架势环视台下的民众。突然，他的目光落在我的身上，接着这个好心的老人走向我，邀请我上台和那些当地的官员坐在一起。

邀请我上台！在我从军之前，没有一个政府官员注意到我。我坐在台前，让我的佩剑垂在地板上。我双手抱胸，等待接受欢迎，觉得自己就像是拿破仑五世！骄傲总在毁灭与失败之前出现。

这时市长代表民众发表演说，欢迎我们这批凯旋的军人，他从口袋里拿出演讲稿，小心翼翼地在讲桌上摊开，然后又调整了一下眼镜。他先从讲坛后面退了几步，然后再走向前。他一定很用心地研究过演讲稿，因为他采取了演说家的姿态，将身体重心放在左脚，右脚轻轻向前移，两肩往后缩，然后张开嘴，以45度的角度伸出手。

第37封信
谁都有机会成为大人物

"各位亲爱的市民,"他开口说,"我们很高兴欢迎这些英勇参战的……不畏流血的……战士回到他们的故乡。我们尤其高兴,今天跟我们在一起的,还有一位年轻的英雄(指的就是我)……这位年轻的英雄,在想象中,我们曾经看到他率领部队与敌人进行殊死搏击。我们看到他那把闪亮的佩剑……在阳光下发出耀眼的光芒,他对着他的部队大叫,冲锋!"

这位好心的老头子对战争一无所知。只要他懂一点儿战争,就会知道一个事实:步兵军官在危险关头跑到部属前面是极大的错误。我竟然拿着在阳光下闪闪发光的指挥刀,对部下大喊冲锋,我从来没有这样做过。

你们想一想,我会跑到最前面,被前面的敌人和后面己方部队夹击吗?军官是不应该跑到那地方去的。在实际的战斗中,军官的位置就在士兵身后。因为我曾是参谋,所以当叛军从树林中冲出,从四面八方向我方攻来时,我总是要骑着马对我方军队一路叫喊:"军官退后!军官退后!"然后,每个军官都会退到战斗区后面,而且军阶愈高的人退得愈远。这不是因为他没有勇气,而是因为作战的规则就是这样。如果将军跑到前线,而且被打死了,战斗也就必输无疑,因为整个作战计划都在他的脑子里,他必须处在绝对安全的地方。

我居然会拿着"那把在阳光下闪闪发光的佩剑"。啊!那天坐在市政大厅的士兵当中，有人曾以性命来保护我这名半大不小的军官，有人背着我横渡极深的河流。还有些人并不在场，因为他们为国捐躯了。讲演的人也曾提到他们，但他们并未受到注意。是的，真正为国捐躯的人却没有受到注意，我这个小男孩却被说成当时的英雄。

我为什么被当作英雄？很简单，因为那位演讲者也掉进同样愚蠢的陷阱。这个小男孩是军官，其他的人只是士兵。我从这里得到了一个终生难忘的教训。一个人之所以伟大，并不是因为他拥有某种官衔。他之所以伟大，是因为他以细微的工具创下大业，以默默无闻的平民身份完成了人生目标。这才是真正的伟大。

一个人只要能向大众提供宽敞的街道、舒适的住宅、优雅的学校、庄严的教堂、真诚的训诫、真心的幸福，只要他能得到当地居民的感谢，无论他到哪里，都是伟大的。但如果他不被当地居民所感谢，那么不管他到地球的哪个角落，都不会是个伟大的人物。

我希望在座的各位都知道，我们是在有意义的行动中活着，而不是在无聊的岁月里；我们是在感觉中活着，而不是电话按键上的数字中；我们是在思想中活着，而不是空气里；我们应该在正确的目标下，以心脏的跳动来计算时间。

——第37封信
谁都有机会成为大人物

如果你们忘记我今晚所说的话,请不要忘记我下面的话:思考最多、感觉最高贵、行为也最正当的人,生活也过得最充实!

以上就是那篇伟大的演讲词,希望你能和我交流阅读后的感受。

爱你的父亲

第 38 封信
给贪心留好一个位置

> 每个人的内心都深藏着一颗活泼、灵敏、有力量的贪心。但你必须正视它并且热爱它,告诉自己我要贪心,叮嘱自己我要,我要的更多,它才会出来玩耍,助你成功。

亲爱的约翰:

不要理会那些说我贪心的人。

多少年来我都在享受着这个在别人看来似乎并不太美妙的"颂扬"——贪心。这份对我特别的"颂扬",最早出现在我的事业如日中天之时,那时洛克菲勒的名字已不再仅仅是代表一个人的符号,而是财富的象征、一个庞大的商业帝国的象征。

——第38封信
给贪心留好一个位置

我记得当时有很多人、很多报纸都加入了"颂扬"我的行列。但这样的"颂扬"并没有让我的心跳加快,尽管我知道这样的"颂扬"无非是要诋毁我,无非是要给我亲手缔造的商业帝国刷上一层令人生厌的铜臭。

但我知道,在人的本性中早就潜藏着一种力量,它丛生于能力与意志都极为匮乏的土地,那就是嫉妒。当你超越了他们的时候,他们就会嫉恨你,就会用带有贬义的字眼指责你,甚至用编造谎言的手段来诋毁你,同时还要在你的面前表现出一副高傲的神态——在我看来,那并非高傲,它恰恰是虚伪与懦弱。有意思的是,当你远不如他们,生活潦倒不堪时,他们又会讥笑你,讥笑你无能、愚蠢,甚至会把你贬低到没有任何做人的尊严。我的儿子,这就是人的本性!

上帝没有赋予我改变人类本性的使命,我也没有闲心去阻止某些人要"恭维"我贪心,我所能做的就是让嫉妒我的人继续嫉妒!尽管我知道,如果我能用我创造的财富把那些如此恭维我的人带走,那么这些人也会带走那份恭维。但是我不能,我相信,除非中了什么魔法,否则任何人都不能!

聪明人永远不会与无知者争辩,我当然不会同那些"恭维"我贪心的人论战,但我抑制不住蔑视他们无知的情绪。冷静地回溯历史,检视人类的脚印,我们就能得出这样的结论:从某种角度说，没有一个社会不是建立在贪心之上的。那些要诋毁我的人，看似道德的守望者，他们有谁不想独占自己拥有的东西？有谁不想掌控所有美好的事物？有谁不想控制每个人都需要的一切？虚伪的人总是那么多。

当然，我所说的贪心，并不只是对财富的追求，还包括对一切能够让我们这个世界变得更好的美好事物的永不满足，包括物质的，也包括精神的。没有不贪心的人。如果你有一颗橄榄，你就会想拥有一整棵橄榄树。我行走于人世已近80年，我见过不会吃牛排的人，却没有见过一个不贪心的人，尤其是在商界，功利、拜金的背后只印着一个词语，那就是贪心。我相信，在未来，不贪心的人仍将是地球上的稀有者。谁会停止对美好事物的追求和占有呢！

阿奇博尔德先生把我比作一匹赛马，一匹能够闻到终点线味道的赛马。他说我一旦发现终点线在哪，便会开始全力冲刺。我知道这多少有点儿奉承我的味道，但在我心里，我的确早就给贪心留好了位置。

在我读商业学校时，我的一位老师说过一句让我终生难忘的话，可以说这句话改变了我的命运。他说："贪心没有什么不好，我认为贪心是件好事，人人都可以贪心。从贪心开始，才会有希望！"

第38封信
给贪心留好一个位置

当我的老师在讲坛上喊出这番极具煽动性和刺激性的话语时,台下的同学们一片哗然。因为只要想一想"贪心"的意义,就知道这个字眼完全违背大多数人从小习得的道德观念,这种道德观融于宗教、社会、伦理、政治和法律等各个层面,它所具有的标尺般的作用,无疑要给这个字眼打上肮脏的烙印。

但当我走向社会,开始踏上创造财富之旅,我才深深地体会到,那份学费花得真是值得,那位老师的主张相当具有洞见性。就像那些生物学家所告诉我们的那样,自然界不是仁慈、无私的地方,而是强者为王、适者生存的天地,我们这个所谓的文明社会也同样如此。如果你不贪心,或许就会被别人吃掉,毕竟可口的甜点不是很多。

如果你要想创造财富成就,创造非凡的人生,我的感受已不是"贪心是件好事"能够加以概括,而是贪心大有必要!

贪心的潜台词,就是我要,我要的更多,最好是独自占有!有谁不曾在心底做此呐喊?为政者会说,我要掌权,我要当州长再做总统;经商者会说,我要赚钱,我要赚更多的钱;为人父母者会说,我希望我的儿女能有所成就,永远过着富足、幸福的生活……诸如此类,不一而足。只是囿于道德、尊严,顾及脸面,人们才将贪心紧紧地遮掩起来,才使得贪心成为禁忌的观念。

事实上，只要追逐名利的世界一天不被毁灭，只要幸福一天不变得像空气那样唾手可得，人类就一天不能停止贪心。

那些虚伪的人，总视贪心为恶魔。但在我看来，打开我们贪心之锁，并不同于打开潘多拉盒子。释放出无时无刻不在跳动的贪心，就等于释放出了我们生命的潜能。我由一个周薪只有五美元的记账员到今天美国最富有的人，是贪心让我实现了这个奇迹。贪心是推动我创造财富的力量，正如它是推动社会前进的强大动力一样。

在我使用贪心一词时，你或许希望我把它换成抱负。不，我们都处在一个贪心的世界之中，我认为使用贪心比使用抱负更纯朴、更真实。纯朴是灵魂中一种正直无私的素质，它与真诚不同，比真诚更高尚。

在与山姆·安德鲁斯先生合办石油公司之初，我的贪心就在膨胀，每天晚上在睡觉前，我都在勉励自己：我要成为克利夫兰最大的炼油商，让流淌的油变成一捆捆的钞票，我要让每一个念头都服从于利益动机，帮我成为石油之王。在最初的那段日子里，我事必躬亲，终日劳碌。我指挥炼油，组织铁路运输，苦思冥想如何节省成本，如何扩大石油副产品市场。我永远忘不了那段让我忍饥挨饿、夜以继日奔波在外的日子。

我的儿子，命运要由自己去开创，真心希望的东西一定要

第38封信
给贪心留好一个位置

想方设法去得到。成功与失败的间距并不像人们想象的那样，仅仅在一念之间而已。成功就是看谁有强烈的贪心，谁具有这种力量，谁就能焕发并施展出自己的全部力量，尽力而为，超越自己。我每一个前进的步伐都能让我感受到贪心的力量！贪心不仅能让一个人的能力发挥到极致，也逼得他献出一切，排除所有障碍，全力前进。

很多人都曾问我同一个问题：洛克菲勒先生，是什么支持你走上了财富之巅？我不能表露真实心声，因为贪心为人们所不齿。然而事实上，支撑我成为一代巨富的支架，就是我唤起了我的贪心，并让它不断地膨胀。

每个人的内心都深藏着一颗活泼、灵敏、有力量的贪心。但你必须正视它并且热爱它，告诉自己我要贪心，叮嘱自己我要，我要的更多，它才会出来玩耍，助你成功。

没有任何力量可以阻止我解禁贪心，因为我要追求成功。贪心之下实现的成功并非罪恶，成功是一种高尚的追求，如果能以高尚的行为去获得成功，对人类的贡献会远比贫困时所能做的更多，我做到了！

看一看今天我们所做的善举吧，将巨额财富投向教育、医学、教会和那些穷困的人，绝不是我一时心血来潮的个人施舍，那是一项伟大的慈善事业，世界正因为我的成功而变得美好。

看来贪心很不错，更不是罪恶。

就此而言，如果那些说我贪心的人不是出于诋毁我的不良动机，我会欣然接受他们对我作出的如此评判。

约翰，我是我生命的重心，我知道什么适合我，所以我不在乎那些人说什么，我的心依然安宁。在有些人心里我似乎永远都是一个动机卑鄙的商人，即使我投资于惠泽民众的慈善事业，也会被他们视为一种诡计，怀疑我有追逐私利的动机，而丝毫看不到我无私的公益精神，更有甚者说我如此乐善好施是为了赎罪，这真是滑稽。

我想非常真诚地告诉你，你的父亲永远不会让你感到羞愧，装在我口袋里的每一分钱都是干净的，巨额的财富是对我超群的心智和强烈的事业心的一种回报。我坚信上帝赏罚分明，我的钱是上帝赐予的。而我之所以能一直财源滚滚，如有天助，这是因为上帝知道我会把钱返还给社会，造福我的同胞。

到我该去读《圣经》的时间了。今晚的夜色真美，每颗明亮的星星都似乎在说："干得好！约翰。"

爱你的父亲

图书在版编目（CIP）数据

洛克菲勒写给儿子的38封信 /（美）约翰·洛克菲勒著；范毅然编译. -- 北京：中华工商联合出版社，2021.10

ISBN 978-7-5158-3096-4

Ⅰ．①洛⋯ Ⅱ．①约⋯ ②范⋯ Ⅲ．①洛克菲勒（Rockefeller, John Davison 1839-1937）—书信集 Ⅳ．① K837.125.38

中国版本图书馆 CIP 数据核字（2021）第 196129 号

洛克菲勒写给儿子的38封信

著　者：	〔美〕约翰·洛克菲勒
编　译：	范毅然
出品人：	李　梁
责任编辑：	吴建新
封面设计：	冬　凡
责任审读：	于建廷
责任印制：	迈致红
出版发行：	中华工商联合出版社有限责任公司
印　刷：	三河市华成印务有限公司
版　次：	2021年10月第1版
印　次：	2024年4月第11次印刷
开　本：	880mm×1230mm 1/32
字　数：	138千字
印　张：	8
书　号：	ISBN 978-7-5158-3096-4
定　价：	38.00元

服务热线：010—58301130—0（前台）
销售热线：010—58302977（网店部）
　　　　　010—58302166（门店部）
　　　　　010—58302837（馆配部、新媒体部）
　　　　　010—58302813（团购部）
地址邮编：北京市西城区西环广场A座
　　　　　19—20层，100044
http://www.chgslcbs.cn
投稿热线：010—58302907（总编室）
投稿邮箱：1621239583@qq.com

工商联版图书
版权所有　侵权必究

凡本社图书出现印装质量问题，请与印务部联系。

联系电话：010—58302915